한 번에 합격하는
올패스 공부법 플러스

한번에 합격하는
올패스 공부법 플러스

서상훈 지음

올패스 공부법 플러스,

잊어버릴 용기,

합격을 위한 정수 공부법,

수험 공부법의 정수,

공부는 반복이다,

시험에 합격하려면 반복에 성공하라,

합격생은 모두 반복에 성공한 사람들이다,

기본서 한 권 통째로 암기하기,

참는 자 꿈꾸는 자 기술적인 자,

시험에 합격하려면 뇌와 친해져라

차례

시험에 제대로 通(통)하는 학습법

올패스 공부법은 2008년에 출간되어 올해까지 햇수로 10년을 맞이했다. 강산이 변할 만큼의 시간이 흐르는 동안 독서 학습법 분야는 어떻게 되었을까? 전면 개정판 원고를 준비하면서 학습법에 대해 되짚어보니 표면적으로는 참 많은 변화가 있는 것처럼 보이지만 세부적으로는 거의 변화가 없다는 것을 알게 되었다. 세월의 흐름에 따라 변하는 것(현상)과 변하지 않는 것(본질)이 있듯이 독서 학습법도 마찬가지였다.

2004년부터 독서 학습법 연구를 시작해서 학습법 분야의 도입기 (2004~2006년), 성장기(2007~2009년), 성숙기(2010~2012년), 쇠퇴기 (2013~2015년)의 변화를 지켜봤다. 돌이켜보면 우연히 이 분야의 성장기에 발을 들여놓게 되었고, '교과서 한 권 통째로 암기하기' 세미나와 '암기법 워크숍'을 기획해서 성인 수험생들의 폭발적인 반응을 얻었다. 그리고 강의내용을 정리해서 '올패스 공부법'을 출간하기도 했다.

성숙기와 쇠퇴기를 거치는 동안 학습법의 인기가 시들해지는가 싶었는데, 최근에 다시 붐이 일고 있다. 세계적인 경제 침체로 인해 불경기와 저성장이 장기화되고, 청년실업률이 높아지면서 공직이나 교직, 전문직에 대한 수요도 크게 늘고 있다. 게다가 공무원 시험의 응시 연령 제한이 없어지면서 퇴직 후 제2의 인생을 준비하는 중장년층까지 시험에 뛰어들고 있는 실정이라 시험경쟁률은 갈수록 높아지고 있다.

수험 시장이 이렇게 혼탁하다보니 '꼼수'나 '요령'을 들먹이는 공부법까지 등장하는 추세다. 바둑의 명언 중에 "꼼수는 정수로 받는다"라는 말이 있듯이 잠깐의 눈속임이나 겉으로 드러나는 현상적 문제를 해결하는 방법으로는 어쩌다 한두 명이 득을 볼 뿐, 대다수의 많은 수험생들이 좋은 결과를 얻을 수는 없다.

올패스 공부법은 현상적으로 드러나지 않는 본질적 문제를 해결하는 방법을 담고 있다. 기존에 강조했던 내용에 덧붙여 최근에 이슈가 되고 있는 사례들을 조목조목 따져서 제대로 된 '수험 공부법의 정수'를 체계적으로 알기 쉽게 정리했다. 뺄 건 빼고, 더할 건 더했으므로 한층 업그레이드된 학습법을 만나게 될 것이다.

모쪼록 '시험에 제대로 通(통)하는 학습법'이 국가공무원 공개 경쟁 채용 시험(5급, 7급, 9급)과 국가자격 전문시험(회계사, 법무사, 세무사, 관세사, 변리사, 감정평가사, 공인노무사, 기술사, 건축사, 경영지도사, 공인중개사, 주택관리사, 행정사, 손해평가사, 사회복지사 등), 임용 고시, 자격증 시험, 입사 시험, 승진 시험, 어학 시험을 망라하는 모든 수험생들의 올바른 길잡이가 되길 바란다.

2017년, 수험생의 네비게이터
서상훈

PART 1

학습코칭에서
공부의 길을 찾다

CHAPTER 1

최수석, 왕코치를 만나다

따뜻한 햇살이 눈부시게 내리쬐는 초가을 오후, 중년의 한 남자가 공원 벤치에 앉아서 책을 읽고 있었다. 베이지색 바지에 브라운색 캐주얼 구두, 팔뚝까지 접은 하얀 셔츠를 걸친 모습이 마치 화보 촬영을 하는 모델처럼 클래식한 분위기를 자아냈다. 살구색 로션을 바른 듯 뽀얀 피부에 옅지만 부드러운 눈썹, 크지도 작지도 않게 적당히 자리 잡은 코, 차분하게 다문 입술, 그리고 새치가 군데군데 섞여있는 머리는 교수나 학자를 떠올리게 했다. 세 명이 앉을 수 있는 자리의 한쪽을 차지하고 다리를 꼬고 앉아서, 생전 험한 일은 한 번도 겪은

적이 없어 보이는 보드라운 손으로 책을 넘기는 모습이 무척이나 자연스러웠다. 벤치 뒤의 계수나무에 주렁주렁 열린 하트 모양의 잎들은 달콤한 향을 풍기면서 가을빛을 드러내기 시작했다. 늦더위를 시샘하는 바람이 심술을 한 번 부리자 조숙한 잎 하나가 책 위로 살랑거리며 떨어졌다. 나뭇잎을 치우고 포스트잇으로 인상 깊은 구절에 표시를 하려는데, 갑자기 전화벨이 요란하게 울렸다. 평소 독서를 할 때는 방해받지 않기 위해 전화기를 무음으로 해두는 편인데, 점심을 먹고 난 후 동영상을 보다가 깜빡 잊은 것이었다. 연락처에 저장되지 않은 번호라 받지 않을까 잠깐 고민하던 남자는 통화 버튼을 눌렀다. 수화기 너머로 20대 청년의 목소리가 들렸다.

"학습코칭을 해주시는 선생님이신가요?"
"네, 맞습니다."

중년의 남자는 어떤 말이 나올까 궁금해하면서 대답했다. 청년은 마치 연습이라도 한 것처럼 일사천리로 전화를 건 목적을 밝혔다.

"저는 9급 공무원 시험을 준비하는 수험생인데요. 올해 치렀던 국가직 공무원 시험, 서울시 공무원 시험, 지방직 공무원 시험까지 총세 번의 시험에서 모두 떨어져서 내년 시험을 대비하고 있습니다. 공부 방법이 잘못된 것 같아서 고민하다가 인터넷 검색을 통해 선생님 연락처를 알게 되어 전화드렸습니다. 혹시 학습코칭을 받을 수 있을까요?”

“그럼요. 언제 시간이 괜찮은가요?”

“제가 월수금은 학원 수업을 듣기 때문에 화요일이나 목요일이 좋을 것 같은데요?”

“그래요? 저도 강의 일정과 원고 집필 때문에 바쁘긴 하지만 마침 목요일 오후 시간이 비어있군요. 점심 먹고 3시쯤 강남에서 볼까요?”

“네, 좋습니다. 그럼 다음 주 목요일 오후에 찾아뵙겠습니다.”

중년의 남자는 전화를 끊고 나서 포켓용 수첩을 꺼내어 일정을 메모했다. 평소 자주 하는 편은 아니지만 이따금 성인 수험생을 대상으로 학습코칭을 해왔던 터라 익숙한 듯 수첩을 집어넣고는 다시 책 속으로 빠져들었다.

청년과 약속했던 목요일, 중년의 남자는 점심을 먹고 미리 예약해둔 모임 전문 공간의 상담실에서 일을 하고 있었다. 약속 시간보다 일찍 나온 그는 상담 시트와 펜만 준비해놓고는 강의 교안을 수정하고 있었다. 잠시 후 청년이 가쁜 숨을 몰아쉬며 들어왔다.

“죄송합니다. 초행길이라 근처에서 헤매느라 조금 늦었네요.”

“괜찮아요. 5분 정도 늦은 걸요, 뭐. 여기 컵이 있으니 마시고 싶은 차를 한 잔 받아오세요.”

“네, 화장실도 다녀오겠습니다.”

몸의 열기를 조금 식힌 청년이 다시 들어왔다. 둥근 얼굴에 작은 눈, 동그란 코, 조금 큰 듯한 입에서 부드러움이 느껴졌다. 하지만 손으로 대충 정리한 것 같은 덥수룩한 머리에, 군청색 카고바지, 체크무늬 남방, 검은색 백팩에서 전형적인 수험생의 모습이 엿보였다. 청년은 가방에서 노트와 펜을 주섬주섬 꺼내더니 의자를 책상 쪽으로 당겨서 앉은 후에 음료를 한 잔 들이켰다.

"성함이 어떻게 되시지요?"

"최수석입니다."

"이름이 참 좋군요. 수석 합격을 떠올릴 수 있으니 말이에요."

"공무원 준비를 시작하고 나서는 긍정적인 이름이 되었지만 중고등학교를 다닐 때까지만 해도 '돌아이'라는 별명으로 불렸지요."

"아, 돌을 수집하는 취미를 떠올릴 수 있는 이름이라 그랬던 거군요."

"네, 초등학생 때 장난기 넘치던 친구 녀석이 '돌멩이'라고 부른 후부터 아이들의 입에서 입으로 '돌아이'로 불리더니 나중에는 '또라이'까지 가더군요."

"그러게요. 철없는 십대들은 어쩌면 그렇게 모든 것들을 삐딱하게 비틀려고 하는지 모르겠어요. 그래도 지금은 그런 별명이 별로 신경이 안 쓰이나 보군요."

"네, 지방에서 서울로 올라와 대학에 다니게 된 후부터는 '돌아이'라고 부르는 사람은 없었어요. 가끔씩 고향 친구를 만나면 듣게 되기는 하지만요."

"나는 왕성환 코치예요. 보통 왕코치라 부르지요."

"선생님 이름도 특이해서 사람들이 기억하기 쉬울 것 같아요."

"그런가요?"

"네, 왕도 코칭하실 것 같은 왕성한 기운이 느껴지고요. '코치의 왕'이란 생각도 드네요."

"좋게 봐주니 고맙네요."

최수석과 왕코치는 서로 인사를 나누면서 금세 친근함을 느꼈다.

"시간이 길지 않으니 본론으로 바로 들어갈까요? 그래, 상담할 내용이 뭔가요?"

"제가 고등학교 때까지는 중상위권 정도의 성적을 유지했고, 운이 좋아서 서울에 있는 대학에도 진학하게 되었습니다. 대학에 들어가 학과나 동아리 선배들을 만나면서 근황을 듣다보니 요즘 취업하기가 너무 힘들다는 걸 알게 되었죠. 그래서 안정적이면서 제 성격에도 잘 맞을 것 같은 '공무원'이 되기로 마음먹었고, 작년부터 9급 공무원 시험을 준비했습니다. 사실 아버지의 사업이 최근에 너무 어려워져서 저라도 빨리 독립해서 부모님의 짐을 덜어드려야겠다는 생각이 컸어요. 보통은 1년 정도 집중적으로 공부하면 합격할 수 있다고 하지만 저는 캠퍼스의 낭만도 즐기고, 군대도 갔다 오고, 취업용 스펙을 쌓느라 4년의 시간을 보냈기 때문에 내년에 졸업하기 전까지 합격하자는 계획을 세웠던 겁니다."

"여느 수험생과 특별히 다를 건 없군요."

"말씀드리다보니 그러네요. 처음에는 국어, 영어, 한국사, 사회, 과학 등의 시험 과목이 수능 시험 과목과 대부분 중복되어서 큰 부담이 되지는 않았어요. 그런데 공부를 하면서도 느꼈지만 과목은 비슷한데 시험 문제의 유형과 패턴은 큰 차이가 있더군요."

"그래요? 어떤 차이점이 있던가요?"

"국어의 경우 수능 시험은 보기에서 문법지식을 알려주기 때문에 그걸 활용해서 풀 수 있지만, 공무원 시험은 문법에 관한 기본지식이 없으면 문제를 풀기 어려웠어요. 영어의 경우는 문제에 나오는 어휘의 수준이 수능보다 훨씬 높기 때문에 따로 어휘 공부를 철저히 해야 하고, 독해도 수능처럼 대략적인 핵심만 파악하면 되는 게 아니라 세부적인 내용도 알아야만 문제를 풀 수 있었고요. 한국사의 경우도 수능 시험은 기본적인 역사적 사실과 중요한 용어나 개념, 사건의 흐름 등을 이해하는 것이 중요하지만, 공무원 시험은 역사자료나 기록물을 바탕으로 사료를 분석하는 문제가 많이 출제되기 때문에 사료와 관련된 인물과 사건, 배경에 대한 지식을 정확하고 꼼꼼하게 공부해야 하는 것 같았어요. 고등학생 때 국어와 영어가 1등급이라서 만만하게 생각했는데, 시험을 쳐보니 제 생각이 틀렸다는 걸 알았습니다."

"과목별로 출제 유형을 잘 파악하고 있군요. 수능 시험이 넓고 얕게 아는 지식을 바탕으로 하는 사고력과 이해력이 중요하다면, 공무원 시험은 좁고 깊게 아는 지식을 바탕으로 하는 암기력과 분석력이 중요하지요."

"네, 선생님 말씀이 맞는 것 같아요. 그래서 곰곰이 생각하다가 지금까지 공부했던 방식이 수능 시험에는 통했지만 공무원 시험에는 더 이상 효과가 없다는 걸 깨닫고 이렇게 상담을 요청한 겁니다. 공무원 시험에 합격할 수 있는 공부 방법이 있을까요?"

"그럼요, 있고 말고요. 우선 제가 성인 수험생을 위해 쓴 책을 함께 보면서 전반적인 사항에 대해 체크해봅시다."

CHAPTER 2
공부와 학습의 의미

　　왕코치는 가방에서 검은색 표지의 책을 꺼내 책상에 올려놓았다. 노란색 형광 글씨의 '올패스 공부법'이라는 제목이 눈에 띄자 최수석은 뭔가 대단한 비법이 담겨져있는 보물을 발견한 것처럼 눈빛을 반짝였다. 왕코치는 그런 최수석을 흐뭇한 표정으로 지켜보고 있었다.

　　"어떤 시험이든 합격을 위해서는 '동기부여'와 '학습기술'이라는 두 가지 조건이 필요합니다. 동기부여란 수험생 스스로 공부하고 싶은 마음이 생기는 것이고, 학습기술은 구체적인 공부 방법을 의미합니다. 성인 수험생의 경우 사람마다 다르겠지만 각자 공부를 해야만 하는 이유가 대체로 분명하기 때문에 '동기부여'는 되어있다고 할 수 있습니다. 수석 군도 부모님과 자신, 미래를 위해 시험에 합격하고 싶다고 얘기했지요?"

"네, 말씀하신 대로입니다. 저 나름대로는 '합격'에 대해 무척이나 간절한 마음을 갖고 있습니다."

"자, 그럼 '동기부여'는 되었으니 이제 '학습기술'만 갖추면 되겠군요. 이 책에 자세한 내용이 나와있으니 하나씩 살펴봅시다. 우선 '공부'가 무엇인지에 대해 알아야 합니다. 수석 군은 '공부'가 무엇이라고 생각하나요?"

"글쎄요, 머리털 나고 지금까지 20년이 넘게 공부를 해왔지만 '공부'가 무엇인지에 대해서는 한 번도 생각해보지 않았고, 그런 질문을 받는 것도 처음이네요."

"'공부'란 글자는 중국어의 '工夫'에서 온 것이에요. 장인 공工에 지아비 부夫를 쓰죠. 그런데 원래는 다할 공功에 도울 부扶를 써서 '功扶'였습니다. '온 힘을 다하여 학문과 기술을 연마하고, 그것을 이루기 위해 도움을 주는 것'을 말합니다. 쉽게 말해, 공부功扶란 '노력과 시간을 들여서 도달한 달인의 경지'를 뜻하는 것이지요. 그리고 조선시대 주자학에서의 공부는 오늘날처럼 '학문이나 기술을 배우거나 닦는 것'이라는 좁은 의미가 아니라 '일상생활에서 겪는 모든 것'이라는 매우 넓은 의미였습니다. 책상에 앉아 지식을 습득하는 것뿐만 아니라 음악을 연주하거나 노래 부르는 것, 그림을 그리는 것, 활을 쏘거나 말을 타는 것, 무술을 연마하는 것 등 모든 것이 공부의 대상이 되었던 것이지요. 머리로 단순한 지식을 습득하는 것만이 아니라 몸의 단련을 통해 달성되는 모든 달인의 경지를 의미했습니다."

"그럼 TV 프로그램에 등장하는 '생활의 달인'들이 옛날에는 모두 공부의 달인들이었군요!"

"그렇습니다. 하지만 요즘에는 점수나 성적만으로 공부를 평가하는 것이 일반적이어서 안타깝습니다."

"그럼 왜 예전과는 달리 공부가 머리의 지식 습득을 뜻하는 말로 의미가 작아졌나요?"

"좋은 질문이에요. 사실 뇌의 개념적 사고 훈련을 통해 달인이 된 천재 과학자 아인슈타인과, 몸의 운동과 연습을 통해 달인이 된 농구 황제 마이클 조던은 모두 신체적 단련을 통해 달인이 된 사람들이라는 공통점이 있습니다. 하지만 스포츠나 음악, 미술 등 다른 분야의 달인들보다 수학이나 과학, 철학 등 뇌의 개념적 사고훈련을 통해 달인이 된 사람들이 사회적으로 더 큰 영향을 미치기 때문이라고 할 수 있습니다. 예를 들어 마이클 조던의 덩크슛보다는 아인슈타인의 'E=mc^2'이라는 공식과 원자폭탄의 엄청난 위력이 훨씬 강력하게 느껴지기 때문이지요. 또한 학교와 직업 선택의 폭을 넓힐 수 있고, 자본주의사회에서 경제적인 우위를 점할 수 있으며, 지식정보시대의 가장 기본적인 자산이라는 생각 때문이기도 합니다. 특히 국내에서 이런 경향이 큰 것은 생존을 위해 치열한 각개전투를 일상적으로 벌여야 하는 한국만의 특수한 사회·문화적 환경 때문입니다."

"말씀을 듣다보니 공부라는 것이 시험 합격을 위해서만 필요한 것이 아니라 앞으로 살아가는 데 없어서는 안될 너무도 중요한 대상이었네요. 그럼 공부로 달인의 경지에 도달하기 위해서는 무엇이 필요한가요?"

"공부는 배우고 익히는 '학습學習'을 통해 이루어집니다. 즉, 학學을 통해 이치를 깨닫고, 습習을 통해 이를 실행하는 것이지요. 학學의 글자 구성을 보면 臼(절구 구) + 爻(본받을 효) + 冖(덮을 멱) + 子(아들 자)로 이루어져있습니다. 이는 아이가 책상에 앉아 주역 점을 치는 것으로 풀이되는 것이고요. 즉, 점괘를 풀이한 점서인 주역을 통해 점을 치면서 세상의 이치를 깨닫고 배우게 되므로 학學이란 글자를 구성하게 된 것이랍니다. 따라서 '학'이란 글자가 들어간 수학, 과학, 의학, 법학, 철학 등도 이치를 깨닫기 위한 이론과 법칙, 원리를 배우는 것이지요. 다음으로 '습習'의 글자 구성을 보면 羽(깃 우) + 百(일백 백)으로 이루어져있습니다. 이는 어린 새가 날아오르기 위해 수없이 날갯짓을 반복하는 것으로 풀이됩니다. 즉, 운동선수나 가수, 연주가, 화가, 무용수들이 하고자 하는 것을 몸에 익히기 위해 수없이 반복하는 것을 의미합니다. 결국 학습이란 '세상의 이치를 깨닫고 배운 것을 몸에 익히기 위해 수없이 반복하는 것'이라 할 수 있습니다. 이런 의미에서 '학습'은 바로 공부의 길이자 과정이지요."

"제가 지금껏 해왔던 공부와 학습에 그런 심오하고도 철학적인 의미가 있는 줄을 몰랐네요. 마치 새로운 세상을 만난 것 같습니다."

"이제 워밍업을 했으니 기본기를 하나씩 배워볼까요? 먼저 공부 머리를 틔워서 학습 효율을 높여주는 다섯 가지 키워드부터 알아봅시다."

"죄송하지만, 짧은 시간에 너무 많은 정보를 접하다보니 과부하가 걸리는 것 같은데, 잠깐만 쉬었다 하면 안 될까요?"

"그래요, 한 10분 정도 쉬었다가 이어서 얘기 나눠요."

CHAPTER 3

기억과 학습의 원리

　불과 1시간밖에 되지 않았건만, 최수석은 벌써 상당히 지쳐 보였다. 왕코치가 10년 이상 연구한 결과물의 정수만을 전수받다보니 벅차는 것도 당연한 일이다. 게다가 당장 써먹을 수 있는 스킬과 요령을 알려줄 거란 기대와는 달리, 공부와 학습의 기본적인 이론을 장황하게 늘어놓는 것에 조금은 실망했을 수도 있다. 하지만 왕코치는 무슨 일이든 '기본'이 중요하다는 확고한 믿음이 있었기에 최수석을 격려하면서 상담을 이어나가기로 했다.

"머리를 좀 식히면서 기분전환을 했나요?"

"네. 그런데 제가 공부해야 할 것들을 뒤로 하고 이렇게 공부 방법에 대한 이론적인 내용을 길게 듣는 것이 옳은 일인지 의문이 듭니다."

"그럴 거예요. 하지만 나무를 자르기 위해 톱날을 가는 시간을 반드시 가져야 하고, 내일 열심히 일하기 위해서 오늘 충분히 휴식을 취하라는 말이 있잖아요. 지금은 이런 시간이 아깝게 느껴질지 모르지만, 길게 보면 분명 시간과 노력을 크게 절감하는 결과가 있을 거예요."

"네, 그럼 선생님만 믿고 있겠습니다. 계속 말씀하시지요."

"좋아요. 학습 효율을 높여주는 **첫 번째 키워드는 '공부 공식'**이에요."

"네? 공부에도 공식이라는 게 있나요?"

"그럼요. 공부 공식은 '공부 = (시간 + 노력) × (이해 + 암기)'로 정리할 수 있어요. 보통의 수험생들은 '몇 시간 공부했다', '몇 페이지 봤다', '몇 문제 풀었다', '진짜 열공했다', '오늘은 정말 뿌듯하다'는 식으로 시간과 노력에 초점을 맞춘 공부를 합니다. 물론 공부를 하지 않는 것보다는 낫지만 공부를 제대로 하려면 시간과 노력이 아니라 이해와 암기에 초점을 맞춰야 합니다. 'W(일) = F(힘) × S(이동거리)'라는 일의 공식에서 일을 하기 위해 힘을 썼는데 이동거리가 하나도 없다면 일을 하지 않은 결과가 되듯이, 시간과 노력을 들였더라도 이해되고 암기된 것이 없다면 공부를 하지 않은 것과 마찬가지인 겁니다. 따라서 학습 효율을 높이려면 매번 공부를 할 때마다 '이해와 암기'

를 기준으로 지금 공부한 내용이 시험에 나오면 정확하게 맞출 수 있는지를 자신에게 물어봐야 합니다. 즉, 합격을 위한 첫 번째 질문은 '시간과 노력이 아니라, 이해와 암기에 초점을 맞추고 있는가?'가 되겠네요."

"맞아요. 어릴 때 과학 시간에 돋보기로 종이를 태우려고 해도 초점이 맞지 않으면 팔만 아프고 종이가 타지 않듯이, 책의 내용을 제대로 태워서 소화하려면 공부 공식으로 초점을 제대로 맞춰야겠네요."

"오호! 정말 좋은 생각이네요. 응용력이 대단한데요?"

"고맙습니다. 선생님이 워낙에 설명을 잘 해주셔서 생각이 쉽게 확장되는 것 같네요."

"분위기가 좋아서 기쁘네요. 학습 효율을 높여주는 **두 번째 키워드는 '완전 학습'**이에요."

"완전 학습이요? 초등학생 때 봤던 참고서 제목과 비슷하군요."

"어릴 때 추억이 생각났다니 나중에 잊어버릴 일은 없겠군요. 완전 학습은 '전 과목에서 만점을 받을 정도의 완벽한 학습'을 의미한답니다. 그러려면 완벽한 이해와 암기가 바탕이 되어야 하지요. 완벽 이해가 되려면 이해한 것과 이해하지 못한 것을 구분해서 이해하지 못한 것을 중심으로 반복을 해야 하고, 완벽 암기가 되려면 암기한 것과 암기하지 못한 것을 구분해서 암기하지 못한 것을 중심으로 반복을 해야 합니다. 완벽 이해의 기준은 공부한 것을 말이나 글로 설명할 수 있느냐는 것이고, 완벽 암기의 기준은 2초 이내에 설명할 수 있느냐는 겁니다. 완전 학습이 되려면 공부를 할 때 과목별과 내용별로 자신이 몇 번을 반복하면 완벽하게 이해하고 암기할 수 있는지의 수준을 알아야 합니다. 그래야 심리적으로 편안하게 공부하면서 목표 달성의 확률을 높일 수 있습니다. 완전 학습을 모르는 수험생은 성적이나 등수를 의식하기 때문에 다른 사람이 주인공이 되는 '상대 경쟁'을 할 수밖에 없지만 완전 학습을 아는 수험생은 완벽한 이해와 암기만 신경 쓰기 때문에 다른 사람을 의식하지 않고 오롯이 자신이 주인공이 되는 '절대 경쟁'을 할 수 있습니다. 이건 완전 학습을 실천하는 사람에게 주어지는 일종의 보너스와 같은 것이지요."

"와~! 완전 학습에 그런 효과가 숨어있었군요. 저도 공부를 할 때 경쟁자들을 의식하는 편이라서 스트레스를 많이 받는 편인데, 완전 학습을 목표로 하면 정신 건강에도 도움이 될 것 같네요."

"그럼요. 실제로 활용해보면 기대 이상의 효과들이 많이 나타날 겁니다. 학습 효율을 높여주는 **세 번째 키워드는 '망각 곡선 이론'**이에요."

"'망각 곡선 이론'은 예전에 고등부 학원 수업 시간에 선생님이 알려주신 것 같아요."

"그래요? 그럼 '망각 곡선 이론'을 기억나는 대로 한마디로 설명해볼래요?"

"음, 사람이 망각의 동물이기 때문에 반복이 중요하다는 것이 아닐까요?"

"맞아요. 시간이 꽤 지났어도 핵심을 잘 기억하고 있군요. 근데 이 이론을 '반복의 중요성'에 대해 동기부여 차원의 깨달음을 얻는 정도로만 알고 있기에는 너무나 중요한 것들이 많이 숨어있어요. 하나씩 자세히 살펴보기로 해요."

"단순하면서도 빤한 것 같은 이론에 어떤 비밀이 숨겨져있는지 궁금해지네요."

"우선, 기억에 관한 몇 가지 재미있는 실험부터 알아보지요. 어두운 곳을 좋아하는 플라나리아를 실험 상자에 넣은 후에 어두운 곳으로 가면 전기 충격을 주고, 밝은 곳으로 가면 먹이를 줬더니 어두운 곳을 좋아하던 플라나리아가 밝은 곳을 좋아하게 되었습니다. 그리고 밝은 곳을 좋아하게 된 플라나리아를 갈아서 실험을 받지 않은 보통 플라나리아에게 먹였더니, 그 플라나리아도 밝은 곳을 좋아하게 되었다고 해요. 이번에는 어두운 곳을 좋아하는 흰쥐를 대상으로 비슷한 실험을 한 후에 밝은 곳을 좋아하게 된 흰쥐의 머리에서 뇌수를 뽑은 후에 실험을 받지 않은 보통의 흰쥐에게 주입했더니, 그 흰쥐도 밝은 곳을 좋아하게 되었습니다. 플라나리아와 흰쥐의 실험을 통해 기억은 '우리 뇌의 전기 화학적 변화에 의해 생성된 물질'이라는 것을 밝혀낸 것이지요. 또 2000년에 노벨 생리의학상을 수상한 미국 컬럼비아 대학교의 신경생리학자 에릭 캔들Eric Richard Kandel 박사는 바다달팽이 실험을 통해 장기기억의 메커니즘을 밝혔습니다. 캔들 박사는 바다달팽이의 꼬리에 전기 자극을 주었을 때 신경 전달 물질이 나오는 것을 발견했어요. 그리고 전기 자극을 반복하면 신경 전달 물질의 분비량이 증가하고, 전기 자극을 지속하면 신경전달 물질의 농도가 높아지며, 나중에는 신경세포 사이에 새로운 신경회로가 만들어지는 것을 확인했습니다. 신경 전달 물질의 분비량이 증가하고 농도가 높아진 것은 단기기억의 상태를, 새로운 신경회로가 생성된 것은 단기기억이 장기기억으로 바뀐 것을 의미합니다."

"플라나리아를 갈고, 흰쥐의 뇌수를 뽑고, 바다달팽이를 전기 고문하는 등의 실험 방법이 조금 잔인해 보이기도 하지만 어쨌든 결과는 무척이나 흥미롭군요."

"네, 이 세 가지 실험을 통해 기억의 물질을 더 많이 분비시키고 농도를 계속 증가시키면 기억에 도움이 된다는 것을 알 수 있지요. 우리가 시험 공부를 할 때 같은 내용을 두세 번 반복하고 멈추게 되면 기억 물질의 농도를 조금만 높여서 단기기억 상태에 머무르게 하는 것이므로 시험을 볼 때 기억이 가물가물하거나 생각이 나지 않는 것입니다. 만약 몇 번을 더 반복해서 새로운 신경회로를 만들어 공부한 내용을 장기기억으로 가져갈 수 있다면 쉽고 재미있게 공부하면서도 시험에서 좋은 성과도 거둘 수 있지 않을까요? 이런 사실을 지금으로부터 100여 년 전에 실험으로 증명한 사람이 바로 독일의 심리학자 헤르만 에빙하우스Hermann Ebbinghaus입니다."

"학원 선생님이 에빙하우스를 소개하기 전에 넌센스 퀴즈를 냈던 게 갑자기 생각나네요. '파란 집은 블루하우스, 빨간 집은 레드하우스, 그럼 투명 집은 뭘까요?'였는데, 정답은 '비닐하우스'였습니다."

"재미있는 선생님이셨네요(웃음). 에빙하우스는 반복을 통해 기억 물질의 농도를 높여서 새로운 신경회로망을 만들면 망각을 이길 수 있다는 것을 이론으로 증명했습니다. 망각 곡선 이론에 따르면 사람은 뭔가를 배운 직후에 망각이 시작되어 20분이 지나면 대략 42퍼센트, 1시간이 지나면 약 56퍼센트, 하루가 지나면 66퍼센트, 일주일이 지나면 74퍼센트, 그리고 한 달이 지나면 약 79퍼센트를 잊어버린다고 합니다. 사람이 기억을 잘할 것 같지만 뭔가를 배운 지 1시간 만에 반 정도를 잊어버릴 정도로 기억력이 약하답니다. 이건 누구나 겪는 자연스러운 현상이기 때문에 자책할 일은 아니지요. 에빙하우스는 '1시간 만에 50퍼센트를 잊어버리는 것'이 아니라 '한 달이 지나도 20퍼센트를 기억하는 것'에 주목하고, 남아있는 20퍼센트의 기억률을 어떻게 높일지에 초점을 맞췄습니다. 그래서 다양한 실험을 통해 망각을 이기고 기억을 잘하려면 '주기적으로 5회 이상 반복'을 해야 한다는 것을 알아냈습니다. 즉, 공부를 잘하고, 기억을 오래 유지하려면 '주기적 5회 이상 반복'이라는 기억의 황금률을 반드시 명심해야 합니다."

"보통 2~3회 반복하는 것에서 5~7회 반복으로, 반복의 횟수를 두 배 정도 높여야 한다는 말씀이시군요. 그럼 시간과 노력도 두 배가 필요하지 않을까요?"

"아니요. 전혀 그렇지 않아요. 일반적으로 시간을 들이는 노력이 필요한 것은 처음 공부할 때고, 두 번째 이상 반복할 때는 암기가 되었는지 안 되었는지 확인만 하면 되기 때문에 잠깐이면 된답니다. 결국 몇 회를 더 보는 것은 20퍼센트 정도의 시간 노력을 투자하는 것이라고 생각하면 될 것 같네요. 지금보다 20퍼센트를 더 노력해서 100퍼센트 암기에 성공한다면 무척이나 기분이 좋겠지요?"

"매번 암기할 것이 많아서 머리가 아팠는데, 선생님 말씀을 듣고 희망이 생기는 것 같아요."

"암기에 대한 고민이 사라질 것 같다니 다행이네요. 학습 효율을 높여주는 **네 번째 키워드는 '구분'**이에요."

"'구분'은 아까 완전 학습을 설명하시면서 언급하신 것 같은데요."

"맞아요. 아직 1시간이 지나지 않아서 잊어버리지 않았군요. 이번에는 구분이라는 키워드가 공부하는 과정에서 어떻게 적용되는지 **학습의 불문율이라고 할 수 있는 '3단계 학습법(예습-수업-복습)'**을 통해 살펴보려 해요. 우선 예습을 할 때는 이번 시간에 무엇을 배우는지 아는 것에 초점을 맞추고, 이해한 것과 이해하지 못한 것을 구분합니다. 수업을 들을 때도 강사의 말에 집중하면서 이해한 것과 이해하지 못한 것은 무엇인지, 복습할 것과 복습하지 않아도 되는 것은 무엇인지, 암기할 것과 암기하지 않아도 되는 것은 무엇인지 구분합니다. 복습을 할 때도 이해·암기 한것과 이해·암기하지 못한 것을 끊임없이 구분해서 완벽한 이해·암기가 될 수 있도록 노력합니다. 시험에 성공하는 비결은 이해·암기하지 못한 것(모르는 것)을 줄여나가는 것입니다. 구분을 통해 시험 공부의 수준을 한 차원 높일 수가 있지요."

"함께 수업을 듣는 수험생들이 겉으로 보면 다들 가만히 있는 것 같지만 머릿속에서는 엄청난 '구분' 작업을 하고 있는 것이었군요."

"그렇지요. 구분하는 일에 집중하는 사람은 마치 컴퓨터에 열이 나는 것처럼 머리가 뜨거워지기도 하지요."

"저도 그게 어떤 느낌인지 체험해보고 싶네요."

"앞으로 수업을 들을 때 열심히 '구분'하다보면 머리에서 김이 나는 순간이 올 겁니다. 학습 효율을 높여주는 **다섯 번째 키워드는 '반복'**이에요."

"지금까지 말씀하시면서 '반복'이라는 단어를 가장 많이 언급하시는 것 같네요."

"그래요. 공부를 한 단어로 표현하면 '반복'이라고 할 정도로 반복은 공부의 핵심키워드예요. 반복을 할 때는 '누적 복습'을 활용하는 것이 좋습니다. 누적 복습은 매일 새로운 내용을 공부하는 보통 복습과는 달리 처음 공부했던 내용을 반복하면서 눈을 쌓듯이 새로운 내용을 하나씩 추가해나가는 방식을 뜻합니다. 예를 들어 영어단어를 외운다고 했을 때 보통 복습은 첫째 날 10개(1~10), 둘째 날 10개(11~20), 셋째 날 10개(21~30), 넷째 날 10개(31~40), 다섯째 날 10개(41~50) 식이고, 누적 복습은 첫째 날 10개(1~10), 둘째 날 20개(1~10 + 11~20), 셋째 날 30개(1~10 + 11~20 + 21~30), 넷째 날 40개(1~10 + 11~20 + 21~30 + 31~40), 다섯째 날 50개(1~10 + 11~20 + 21~30 + 31~40 + 41~50)라는 식입니다."

"어? 설명을 듣다보니 우리가 악기나 운동을 배울 때 비슷한 방식을 쓰는 것 같네요."

"맞아요. 역시 관찰력이 뛰어나네요. 예를 들어 스쿼시나 클래식 기타를 배울 때 매번 새로운 진도를 나가는 것이 아니라 앞서 배웠던 것들을 누적해서 복습한 후에 새로운 내용을 하나씩 추가하면서 수업이 진행되지요. 이것을 '자연적 학습기술'이라고 한답니다. 우리가 뭔가를 배울 때 시공을 초월해 남녀노소 누구나 활용하는 방법이라고 해서 그렇게 이름이 붙여졌지요. 이제 공부를 할 때도 예체능 분야의 자연적 학습기술과 비슷한 '누적 복습'을 활용한다면 분명 좋은 성과가 있을 겁니다."

"앞으로 공부할 때 '어떻게 기억할 것인가?'라고 생각하지 말고, '어떻게 반복할 것인가?'라고 생각해야겠어요."

"좋은 생각이에요. 지금까지 얘기했던 다섯 가지 핵심키워드(공부 공식, 완전 학습, 망각 곡선 이론, 구분, 반복)는 공부의 씨앗과도 같은 단어들이에요. 씨앗에서 싹이 트고, 줄기가 나오고, 꽃이 피고, 열매가 맺히듯이 공부의 핵심키워드들이 결국 공부와 관련된 모든 것을 이루게 되지요. 앞으로는 나무와 열매만 보지 말고, 씨앗에 주목해봐요. 결국 모든 과실은 씨앗에서 나오는 것이니까요."

"네, 명심, 또 명심하겠습니다."

"벌써 시간이 많이 지났군요. 오늘은 여기까지 하는 게 좋을 것 같네요."

"네, 저도 아까부터 머리가 뜨거워지기 시작했습니다. 구분을 열심히 한 것도 아닌데, 머리가 뜨거워지는 체험을 하게 되네요."

"어떻게 도움이 좀 되었나요?"

"네, 아주 큰 도움이 된 것 같습니다. 그런데 말씀을 듣다보니 제가 수험 공부를 하기에는 학습에 대한 기본기가 너무 부족하다는 것을 깨달았습니다. 그래서 몇 번 더 선생님께 학습코칭을 받고 싶은데 가능하실까요?"

"그럼요. 저도 수석 군이 시험 합격을 하기를 진심으로 바란답니다."

"바쁘실 텐데, 흔쾌히 허락해주셔서 감사합니다."

"그런데, 서로 귀한 시간을 쪼개서 만나는 것이니 학습코칭 효과를 높이기 위해 제가 부탁하는 것을 들어주셔야 합니다."

"네, 합격을 위해 선생님이 말씀하시는 것이라면 어떤 것이든 들어야지요."

"뭐, 그리 대단한 것은 아니에요. 학습에 대한 기본기의 부족함을 깨달았다고 하니 이번 기회에 수험 학습법 관련 책들을 집중적으로 읽어보는 것이 어떨까요?"

"그렇지 않아도 선생님과 헤어지고 나서 근처 서점에 들러서 관련 책들을 살펴볼 생각이었답니다."

"그것 참 반가운 말이군요. 그럼 다음 코칭을 2주 후로 잡고, 공부하는 틈틈이 수험 학습법 관련 책을 읽도록 해요. 다음에는 그 책 내용에 관해 얘기를 나누는 것으로 하지요. 아주 재미있고 유익한 시간이 될 것 같군요."

"네, 저도 벌써부터 기대가 됩니다. 학습법 전문가인 선생님과 독서토론을 하게 될 줄 누가 알았겠어요? 역시 지성이면 감천이다, 하늘은 스스로 돕는 자를 돕는다, 두드리면 열린다 등 옛말이 틀리지 않군요."

"그래요. 나도 오랜만에 학습법에 대해 얘기를 나눌 수 있게 되어서 기쁘답니다. 그럼 오늘은 그만 마무리 하고 2주 후에 만나요."

"네, 오늘 너무 감사했습니다."

CHAPTER 4

성공 학습자의 세 가지 유형

왕코치는 오랜만에 서울 강남에 있는 대형 서점에 들렀다. 며칠 전 최수석에게 당부했던 수험 학습법 관련 책을 살펴보기 위해서였다. 평일 오전이라 그런지 매장 안에는 한적함이 감돌았다. 잔잔하게 흐르는 클래식 음악이 귀를 간질이고, 진한 커피향이 코를 자극했다. 정문 앞에 있는 안내 데스크 직원에게 성인 수험생이나 직장인을 위한 공부법 책이 어디에 있느냐고 물어봤다. 직원은 친절하게 손으로 가리키며 'B코너'의 자기계발 베스트셀러 매대에 진열되어있다고 대답했다. 큰 서점들을 정기적으로 방문하다보니 서점마다 고객들의 성향을 분석해서 특정 매대를 선정한다는 것을 알 수 있었다. 그래서 왕코치는 발품을 줄이기 위해 '공부법/대화법'이나 '성공/처세', '자기계발', '비즈니스', '자기혁신/자기관리' 중에서 어떤 매대에 자신이 원하는 책이 진열되어있는지 확인하는 습관이 생겼다. '자기계발' 매대를 죽 살펴봤더니 각양각색의 디자인으로 포장된 책들이 독자의 눈길을 사로잡기 위해 빛을 발하고 있는 것 같았다.

평대에 있는 책들을 살펴보던 왕코치의 눈에 분야 베스트셀러에 오른 책들이 들어왔다. 《7번 읽기 공부법》(야마구치 마유/위즈덤하우스)과 《정답부터 보는 꼼수 공부법》(사토 야마토/위즈덤하우스), 《파란펜 공부법》(아이카와 히데키/쌤앤파커스) 등이 진열되어있었다. 우선 세 권을 손에 집어 들고 근처에 마련된 좌석에 앉아서 빠르게 읽기 시작했다. 평소에 관련 책들을 꾸준히 읽어왔던 터라 쉽게 책장을 넘길 수 있었다.

왕코치는 다른 책들을 더 살펴보기 위해 스마트폰으로 인터넷 서점에 접속해서 《7번 읽기 공부법》을 검색해봤다. 그리고 도서 정보 아래에 있는 '이 책을 구매하신 분들이 함께 구매하신 상품입니다'에 등록된 도서 이미지들을 살펴봤다. 《꼼수 공부법》이 눈에 보이기에 클릭했더니 《파란펜 공부법》이 함께 구매한 책으로 나왔고, 《파란펜 공부법》을 클릭했더니 《치사한 공부법》(이슬기/알에이치코리아)이 나왔다. 이런 식으로 줄기를 타고 고구마를 하나씩 캐듯이 책을 클릭해 들어갔더니 《독하게 합격하는 방법》(전효진/ST&BOOKS), 《공무원 시험을 위한 코칭》(정산/북랩), 《절대집중 공부법》(이재철/세림출판), 《잠자기 전 1분 정리 공부법》(다카시마 데쓰지/아이콘북스), 《둔재의 공부법》(김성진/해드림출판사), 《공부습관 달라지는 책》(사이토 다카시/비전코리아), 《30초 공부습관》(와다 히데키/알에이치코리아), 《동경대 교수가 가르쳐 주는 독학 공부법》(야나가와 노리유키/스타북스), 《나는 한번 읽은 책은 절대 잊어버리지 않는다》(카바사와 시온/나라원), 《공무원 합격 자신만만 공부법》(권호진/길위의 책) 등이 검색되었다. 왕코치는 책 제목과 저자명, 출판사명 등을 스크랩해서 스마트폰 메모장에 하나씩 붙여서 저장해뒀다. 그러고는 나중에 서점이나 도서관에서 한 권씩 찬찬히 살펴본 후에 소장할 가치가 있는 책은 사고 나머지는 참고만 하면 된다고 생각하며 서점을 나왔다. 독서 삼매경에 빠져있느라 배고픔도 잊고 있었는데, 서점 문을 나서자마자 후각을 자극하는 음식 냄새에 갑자기 식욕이 확 올라왔다. 그래서 얼른 눈에 보이는 대로 가까운 식당으로 들어가 늦은 점심을 먹었다.

지방 출장 강의와 원고 집필, 비즈니스 미팅 등의 일정을 소화하다 보니 어느덧 2주일이 휙 지나갔다. 왕코치는 지난번 코칭했던 장소에서 최수석을 기다리고 있었다. 약속 시간이 되자 최수석이 나타났다.

"지난번에 조금 늦어서 오늘은 서둘렀는데도, 환승하는 버스와 지하철이 갑자기 연착하는 바람에 약속 시간에 딱 맞춰서 도착했네요."

"나도 좀 전에 왔어요. 가서 차 한잔 받아와요."

"네, 잠시만 기다려주세요. 화장실도 다녀올게요."

최수석이 자리를 비운 사이에 왕코치는 코칭 준비를 했다. 그동안 읽은 책들의 핵심내용을 정리해둔 카페 비공개 게시판의 게시글들을 스마트폰으로 살펴보면서 최수석이 어떤 책들을 읽었을지 궁금해졌다. 책 제목들을 다시 한 번 살펴보고 있는데 최수석이 돌아왔다.

"2주 동안 잘 지냈나요?"

"네, 특별한 일 없이 공부에 집중할 수 있었습니다. 말씀하신 학습법 책들도 틈틈이 봤고요."

"그래, 어떤 책이 인상 깊었나요?"

"지난번 코칭을 마치고 돌아가면서 환승역에 있는 대형 서점에 들렀더니 학습법 관련 책들을 한쪽 매대에 모두 모아뒀더군요. 그중에서도 야마구치 마유의 《7번 읽기 공부법》이 베스트셀러로 소개되어 있어서 바로 사서 그날 밤부터 읽기 시작했습니다."

"저도 그 책을 아주 재미있게 읽었답니다. 내용은 어땠나요?"

"책을 읽으면서 행정 고시와 사법 고시를 대학 재학 중에 합격했고, 명문대를 수석 졸업한 후에 변호사로 활동하고 있다는 저자의 화려한 이력이 계속 머리에서 맴돌았습니다. '7번 읽기'라는 너무도 당연하고 빤한 것 같은 방법으로 원하는 시험에 모두 합격할 수 있었던 것은 저자가 특별한 능력을 가진 사람이었기 때문이라는 생각이 들더군요. 책을 다 읽고 나서는 결국, 평범한 제가 범접할 수 있는 공부 방법이 아니라는 생각으로 이어지면서 실망감이 들었습니다."

"그랬군요. 아마도 많은 독자들이 비슷한 기분을 느꼈을 것 같네요. 학습법 책을 읽고 제대로 도움을 받으려면 우선 자신이 어떤 유형에 해당하는지 알아야 해요. 왜냐하면 누가 활용해서 성공했다는 방법보다 나한테 잘 맞고, 좋은 성과를 낼 수 있는 방법이 더 중요하기 때문이지요."

"맞아요. 정말 그런 것 같아요. 연예인이 입어서 멋져 보이는 옷이라도 내 몸에 맞지 않으면 이상하게 보일 뿐이지요."

"그래요. 결국 자신만의 맞춤식 학습법으로 완성하는 것이 관건이에요."

"맞춤식 학습법을 완성하기 위해 알아야 할 유형이란 게 뭔가요?"

"유형에 대해 말하기 전에 확인할 게 있어요. 지난번에 헤르만 에빙하우스의 망각 곡선 이론을 설명하면서 기억에 성공하려면 '주기적 5회 이상 반복'이 중요하다고 강조했었지요?"

"네, 기억을 잘하려면 2~3회 반복이 아니라 5~7회 반복으로, 반복의 횟수를 두 배 정도 높여야 한다고 제가 이해한 것을 말씀드렸어요."

"그런데, 반복을 많이 하면 할수록 기억에 효과적이라는 것은 누구나 잘 아는 사실이지요. 하지만 대부분의 사람들은 반복에 성공하지를 못해요. 그 이유가 뭘까요?"

"글쎄요. 반복하기가 어렵기 때문 아닐까요?"

"그 반복하기 어려운 이유가 뭐냐는 것이지요."

"반복을 여러 번 하게 되면 귀찮고, 짜증나고, 힘들기도 하고 여하튼 반복하기가 싫어져요."

"바로 그거예요. 우리가 **반복을 하기 어려운 이유는 반복할 때 찾아**

오는 부정적인 감정들 때문이지요. 그런데 그 감정들이 바로 우리 뇌의 특성 때문에 생기는 거예요."

"네? 우리 뇌의 특성 때문이라고요?"

"맞아요. 우리 뇌는 새로운 걸 배우는 것을 좋아하지만, 아는 걸 반복하는 것을 싫어하는 특성이 있어요. 사냥을 하던 원시시대부터 생존을 위해 그렇게 진화되어 왔지요."

"아, 그래서 아무리 재미있는 영화도 여러 번 보면 지루하거나 잠이 오는 거군요."

"참 좋은 비유네요. 같은 걸 여러 번 반복하면 '저건 아는 거니까 보지 마'라고 우리 뇌가 거부 반응을 보이는 것이지요. 그런데 기억에 성공해서 공부를 잘하려면 어쨌든 5회 이상을 반복해야 한다는 것이 문제이지요. 이렇게 우리 뇌의 특성과 기억의 원리가 충돌하기 때문에 반복이 어려운 겁니다.

"이제야 왜 제가 지금까지 그렇게 반복을 싫어하고 고통스러워했는지 알게 되었네요."

"지난 10년 동안 학습법을 연구하면서 우등생이나 공신, 성공학습자 등 공부를 잘했던 모든 사람들은 반복에 성공했던 사람들이었다는 걸 깨닫게 되었습니다. 그리고 이들이 세 가지 유형으로 나뉜다는 것을 알게 되었답니다."

"점점 흥미로워지는데요?"

"자, 얘기를 들어봐요. **첫째, '참는 자'입니다. '참는 자'는 반복의 고통을 엄청난 인내심으로 무조건 이겨내는 사람입니다.** 마치 도를 닦듯이 공부하는 스타일인데, 몸과 마음의 강인함이 뒷받침되어야만 하지요. 보통 합격수기에 등장하는 사람들이 이 유형에 속한다고 보면 됩니다. **둘째, '꿈꾸는 자'입니다. 미래의 긍정적인 모습을 현재화시켜서 반복의 고통을 이겨내는 사람입니다.** 우리 뇌의 총사령관인 전두엽이 발달되어 자기관리를 잘하는 스타일인데, 정신적인 수준이 높아야만 하지요. 일반적으로 시간관리를 잘하는 모범생들이 이 유형에 속합니다. **셋째, '기술적인 자'입니다. 기억과 학습의 원리에 따른 효과적인 방법으로 반복의 고통 없이 공부하는 사람입니다.** 평범한 능력을 가졌으면서도 공부를 잘했던 대부분의 사람들이 이 유형에 속합니다. 수석 군은 세 유형 중에 어디에 해당되는 것 같나요?"

"음, 저는 독하다는 소리를 들을 정도의 인내심도 없고, 작심삼일에 그치는 일이 많을 정도로 자기관리도 잘 안 되니 세 번째 유형에 속하는 것 같네요. 지극히 평범하다는 말이기도 하구요."

"실망할 필요가 전혀 없어요. '참는 자'는 대략 0.001퍼센트 안에 드는 사람들이고, '꿈꾸는 자'는 1퍼센트에 드는 사람들이며, '기술적인 자'는 99퍼센트에 해당하는 사람들이에요. 이렇게 보면 '참는 자'나 '꿈꾸는 자'에 해당하는 사람들이 별난 사람들이지요."

"말씀을 듣고 보니 제가 정상이고, 그 사람들이 비정상이군요(웃음)."

"그래요. 그런데 참 이상하게도 정상인 사람들이 비정상인 사람들을 따라하려는 경우가 많아요. 마치 두 눈을 가진 원숭이가 외눈박이 원숭이가 사는 섬에 들어가서 자신의 한쪽 눈을 찌르는 것처럼 말이지요. 이번에 학습법 관련 책들을 보면서 10년 전이나 지금이나 여전히 합격수기류의 책들이 서점에서 인기를 얻고 있는 것을 보고는 안타까운 마음이 들기도 했답니다."

"하지만 평범한 사람들이 특별한 사람들을 부러워하면서 따라하는 것은 자연스러운 것 아닌가요?"

"그래요. 뛰어난 사람을 본받아서 자신도 잘되고 싶은 마음은 충분히 공감이 됩니다. 그런데 그게 무모한 도전에 그치는 경우가 대부분이어서 안타깝다는 거예요. 격투기를 예로 들면 '참는 자'는 효도르나 최홍만 같은 사람이고, '꿈꾸는 자'는 프로 선수라고 할 수 있으며, '기술적인 자'는 일반인이라고 보면 돼요. 격투기에서는 일반인이 최홍만과 겨룰 생각을 전혀 하지 않지요. 싸워봤자 죽거나 죽을 만큼 다치거나 둘 중에 하나라는 걸 잘 알기 때문이니까요. 그런데 공부에서는 그런 생각을 못하는 것 같아요. 예를 들어 9급 공무원 시험에서 전체 수석으로 합격한 사람은 '참는 자'고, 직렬별(모집단위별) 1위로 합격한 1백 명은 '꿈꾸는 자'이며, 나머지 4천 명의 합격자는 '기술적인 자'에 해당한다고 볼 수 있습니다. 2016년 기준으로 국가직 9급 공무원 임용시험은 4,120명 모집에 16만 4,133명이 응시해서 약 40대 1의 경쟁률을 기록했지요. 16만 명의 수험생이 따라해야 할 사람은 전체 수석이나 직렬별 1위가 아니라 4천 명의 합격자라고 할 수 있습니다. 그런데 참 이상하게도 사람들은 전체 수석에만 관심을 갖습니다."

"그러게요. 학원가에서도 명문대를 나왔거나 시험에 합격한 경력이 있는 강사님의 강의에 수험생들이 몰리는 경향이 있지요. 합격수기의 주인공을 따라하려는 것은 뭔가 확실하게 검증 절차를 거쳤다는 믿음 때문 아닐까요?"

"그런 믿음도 좋아요. 문제는 합격한 주인공을 무조건 따라한다고 해서 자신도 합격한다는 보장이 없을뿐더러 별난 사람들의 특별한 방법이기 때문에 따라하기도 어렵다는 것이지요. 여기서 핵심은 자신도 충분히 따라할 수 있어서 합격에 도움이 되느냐는 거예요. 확률을 고려하면 '참는 자'나 '꿈꾸는 자'의 방법보다는 '기술적인 자'의 방법이 훨씬 유리하다는 것이지요."

"그럼 합격수기를 보지 말라는 말씀인가요? 지금도 수많은 수험생들이 합격수기를 보면서 동기부여를 받고 공부 의지를 다지고 있을 텐데요."

"합격수기를 보지 말라는 의미가 아니라 합격수기에서 자신이 실제로 활용할 수 있는 구체적인 공부법을 찾아서 적용하는 것이 중요하다는 의미예요. 대부분의 수험생들이 합격수기의 겉으로 드러나는 일면만 보고 무작정 따라하거나 비현실적인 방법에 현혹되어 무모한 도전을 하고 있다는 점을 지적하고 싶어요."

"저도 대부분의 수험생 중 한 사람에 해당되는데, 제가 어떻게 하면 되나요?"

"우선 자신의 유형부터 파악해야 하지요. 아마도 대부분은 평범한 '기술적인 자'에 해당되겠지요. 그러고 나서 학습법 관련 책들을 세 가지 유형으로 분류해야 해요. 예를 들어 '참는 자'에 해당하는 내용을 담은 책에는 《포기하지 않으면 불가능은 없다》(고승덕/개미들출판사),《최강의 학습법》(요시다 다카요시/지상사),《합격의 달인》(야스코치 테쓰야/서울문화사) 등이 있고, '꿈꾸는 자'에 해당하는 내용을 담은 책에는《불합격을 피하는 법》(최규호/법률저널),《춤추는 고래의 실천》(켄 블랜차드/청림출판),《당신의 꿈을 실현해줄 성공의 9단계》(제임스 스키너/삼양미디어) 등이 있으며, '기술적인 자'에 해당하는 내용을 담은 책에는《공부의 비결》(세바스티안 라이트너/들녘),《전략적 공부기술》(베레나 슈타이너/들녘미디어),《21세기를 위한 가속 학습》(콜린 로즈/고려대학교 출판부) 등이 있지요."

"제가 서점 매대에서 본 책은 한 권도 없네요. 최근에 출간된 책을 예로 들어 분류해주시면 더욱 좋을 것 같아요."

"그럴까요? 그런데 최근에 나온 책들은 대부분 '참는 자'에 해당하는 내용을 담은 책들이더군요.《7번 읽기 공부법》,《정답부터 보는 꼼수 공부법》,《치사한 공부법》,《독하게 합격하는 방법》,《둔재의 공부법》,《공무원 합격 자신만만 공부법》 등이 공무원이나 자격증 시험에서 합격한 저자들이 쓴 책들이에요."

"음, 저도 서점 평대와 하단에서 봤던 책들이네요. 사람들에게 인기가 있고, 많이 팔리기 때문에 잘 보이는 곳에 진열되었겠지요? 만약 그렇지 않다면 서가 구석으로 내몰렸을 테고요."

"그러게요. 10년 전에는 그래도 '꿈꾸는 자'나 '기술적인 자'에 해당하는 내용을 담은 책들도 함께 진열되었었는데, 이번에 보니 그런 책들은 씨가 마른 것 같더군요."

"도서관을 뒤져서라도 좀 전에 선생님이 추천해주신 '꿈꾸는 자'와

'기술적인 자' 관련 책들을 꼭 읽어봐야겠네요."

"아주 좋은 생각이에요. 만약 1차로 추천한 10권 정도의 책만 읽어도 합격의 길이 보일 겁니다."

"아까 합격수기를 보더라도 자신이 실제로 활용할 수 있는 구체적인 공부법을 찾아서 적용하라고 하셨잖아요? 제가 최근에 나온 합격수기류의 책들 중에 베스트셀러를 중심으로 몇 권을 봤는데, 저는 도저히 그런 공부법을 못 찾겠더군요. 선생님은 분명 찾으셨을 것 같은데, 제가 적용할 수 있는 공부법을 구체적으로 알려주실 수 있나요?"

"그럼요. 그걸 알려주려고 2주 동안 틈틈이 책을 보면서 정리를 해두었답니다. 드디어 선물보따리를 풀 시간이 되었군요. 그런데 한참 열띠게 얘기를 나누다보니 시간이 많이 지났군요. 우리 잠깐 쉬었다가 계속할까요?"

"네, 좋아요. 그렇잖아도 얘기하면서 계속 차를 마셔서 그런지 아까부터 화장실을 가고 싶어서 혼났어요."

"그래요. 화장실도 갔다 오고 차도 더 받아와요."

CHAPTER 5

성공 학습을 위한 세 가지 기본기

최수석이 자리를 비우자 왕코치는 다시 스마트폰으로 카페 게시판의 게시글들을 살펴보면서 어떤 책들을 어떻게 소개할지 머릿속으로 빠르게 구상했다. 짧은 시간에 모든 책의 내용을 모두 다루기는 어렵기 때문에 핵심포인트를 짚는 방식이 좋겠다고 생각했다. 이윽고 최수석이 돌아왔다.

"어떤 책부터 살펴볼까요?"

"아무래도 분야 베스트셀러 1위에 올랐던 야마구치 마유의《7번 읽기 공부법》으로 시작하는 게 좋을 것 같네요."

"좋아요. 우선 책 표지부터 볼까요? '책 한 권이 머릿속에 통째로 복사되는'이 부제고, '7번 읽기 공부법'이 주제이며, '일본 최고 합격의 신이 말하는 기적의 공부법', '공부 머리 없어도 딱 7번만 읽어라', '과외 없이 독학으로 도쿄대 입학, 수석 졸업', '대학 재학 중 사법 시험, 1급 공무원 시험 동시 패스' 등이 메인 카피네요. 표지를 화려하게 장식하고 있는 문구들에 대해서 어떻게 생각하나요?"

"저처럼 평범한 수험생들이 관심을 가질 만한 것으로 잘 뽑아놓은 것 같네요. 마치 이 책을 읽기만 하면 합격이 보장된다는 느낌이 듭니다."

"출판사 편집팀에서 대단히 기뻐할 만한 대답이군요. 그런데 책을 다 읽고 난 후의 느낌은 어땠나요?"

"역시나 그동안 비슷한 책에서 받았던 실망감이 반복되더군요. 솔직히 또 속았다는 느낌이 들었어요."

"실망하기에는 아직 이른 것 같군요. 지금부터 '쪽박'을 '대박'으로 바꾸는 마술이 펼쳐질 테니까요."

"강력한 본드라도 준비하셨나 보군요. 아무튼 엄청 기대됩니다."

"목차를 보면 '1장 좋은 머리보다 공부 전략이 우선이다'와 '2장 누구나 할 수 있는 7번 읽기 공부법', '3장 7번 읽기 공부법을 위한 마인드 컨트롤'에는 동기부여에 도움이 되는 내용이 담겨있고, '4장 합격의 신으로 만들어준 7번 읽기 공부법'에는 구체적인 방법을 소개하고 있어요. '5장 사회에서도 통하는 7번 읽기 공부법'은 응용편이고, '6장한 걸음 더 내딛게 하는 공부의 힘'은 덕담 수준의 격려하는 내용이지요."

"저는 그중에서 1장과 3장이 제일 좋았던 것 같아요. 시험에 합격하려면 이 정도의 독기를 품어야 한다는 각오를 다지게 되더군요. 그런데 책장을 덮고 현실로 돌아오니 초라한 제 모습을 보면서 큰 벽이 느껴졌어요. 결국 나는 도저히 그 벽을 넘을 수 있을 것 같지 않다는 생각에 실망감도 들었고요."

"합격수기 책을 그렇게 감정적으로만 받아들이면 긍정적인 '동경'과 부정적인 '폄하'라는 두 가지 극단적인 결과만 남게 되지요. 이성적으로 분석해서 활용할 수 있는 구체적인 방법을 찾아보는 자세가 필요합니다."

"그런데 4장의 7번 읽기 공부법에 대한 구체적인 내용을 읽어봐도 무슨 말인지 제대로 이해가 잘 되지 않았습니다. 선생님의 설명이 필요할 것 같네요."

"한마디로 '7번 읽기 공부법'은 어떤 수험서든 가볍게 7번 통독하는 것을 반복하는 공부법입니다. 너무 간단하기 때문에 합리적이고 효과적인 공부법이에요. 기합을 잔뜩 넣고 초집중을 하느라 피곤해질 염려도 없고, 효과가 기대에 못 미쳐서 자신감이 상실될 일도 없고요. 어깨에서 힘을 빼고 이해가 안 되는 부분은 건너뛰면 되기 때문에 자신의 실력을 의식하지 않고 지속적으로 공부할 수 있게 만들어주죠. 그리고 확실한 이해에도 도움이 됩니다. 무엇보다 가벼운 통독이지만 횟수를 거듭하면서 자연스럽게 이해가 깊어지는 구조예요.

공부에 대한 자신감이 떨어지는 수험생이라면 성공 경험을 통해 손쉽게 자신감을 높일 수 있을 겁니다. 특히 읽는 것에 대한 부담이 덜하고, 정보 입력 속도가 빠르며, 언제 어디서든 실천이 가능하다는 점이 장점입니다."

"합리적, 효과적, 지속적, 적은 부담감, 큰 자신감, 빠른 속도, 쉬운 실천 등 좋은 것만 모아놓은 것 같네요. 하지만 저자의 말과는 달리 시도하기도 전에 높은 장벽이 두렵게 느껴지는 것은 왜일까요?"

"우리가 어떤 대상에게 두려움과 공포를 느끼는 이유를 '잘 모르기' 때문이에요. 잘 아는 것에 대해서는 편안함과 자신감이 생기지 않나요? 자, 지금부터 함께 장벽을 허물어보자고요."

"네, 베를린 장벽이 무너지는 것 같은 장면을 기대하겠습니다."

"네, 좋아요(웃음). **'7번 읽기 공부법'을 한마디로 설명하면 전체상을 파악하고, 내용을 이해한 후에 세부내용을 추가해나가는 방식이라고 할 수 있습니다.** 첫 번째 읽기(목차 읽기)에서는 각 장의 제목과 항목별 표제를 보면서 전체상을 대략적으로 파악합니다. 두 번째 읽기(통독하기)에서는 책 전체를 훑어보면서 항목뿐만 아니라 더욱 세밀한 부분까지 읽어서 전체 줄거리와 구조를 파악합니다. 세 번째 읽기(2번째 통독하기)에서는 책 전체를 두 번째로 훑어보면서 줄거리를 더욱 자세하고도 명확하게 이해합니다. 네 번째 읽기(정독하기)에서는 문장 속의 키워드를 의식하면서 읽습니다. 다섯 번째 읽기(2번째 정독하기)에서는 문장 속 키워드와 키워드 사이의 설명문을 의식하면서 읽고, 단락의 요지를 파악합니다. 여섯 번째 읽기(3번째 정독하기)에서는 관련 사례와 예시를 참고하면서 디테일한 부분까지 읽습니다. 일곱 번째 읽기(4번째 정독하기)에서는 이해·암기가 안된 내용만 골라 읽으면서 완벽하게 머릿속 노트에 복사합니다. 야마구치 마유는 7번 읽기를 시작할 때 머릿속에 백지 노트의 이미지를 떠올리고, 머릿속 노트에 눈앞의 책을 통째로 한 권 복사하겠다는 목표를 세운다고 합니다. 첫 번째부터 세 번째 읽기에 걸친 전체상의 파악은 윤곽선을 그리는 과정이고, 네 번째와 다섯 번째 읽기의 키워드 파악을 통해 윤곽선 안쪽에 개략적인 그림을 그리며, 여섯 번째와 일곱 번째 읽기의 내용 파악으로 윤곽선 안쪽의 그림을 더욱 상세하게 만들면서 하나의 작품으로 완성하는 것이지요."

"선생님이 '7번 읽기 공부법'의 과정을 구체적으로 설명해주시니 이제야 조금 이해가 되는 것 같네요."

"'7번 읽기 공부법'의 핵심 프로세스를 쉽게 이해하려면 정물화를 그리는 순서를 생각하면 된답니다. 첫째, 구도 정하기. 둘째, 스케치하기. 셋째, 채색하기(밝은 색부터 채색 후 어두운 색으로). 넷째, 배경 처리 후 완성하기. '7번 읽기 공부법'은 고시와 공무원 수험생들이 1차 객관식 시험에서 전통적으로 활용했던 '단권화 전략'과 비슷하다고 보면 됩니다."

"어려운 내용을 이렇게 쉽게 설명해주시다니 정말 놀랍네요."

"그렇데 칭찬을 받으니 조금은 민망하네요. 어쨌든 고마워요. 분위기가 좋으니 내친 김에 《올패스 공부법》의 '7회독 완전 학습 프로세스'도 살펴볼까요?"

"물론 저야 대환영이지요."

"'7회독 완전 학습 프로세스'는 핵심키워드 중심으로 내용을 압축했다가 펼치는 방식으로 '수험 속독법'이라고도 불립니다. 1단계(목차 읽기)에서는 제목과 목차, 머리말과 맺음말을 보면서 개요를 파악합니다. 2단계(통독하기)에서는 책 전체를 훑어보면서 줄거리와 구조를 파악합니다. 3단계(1번째 정독하기)에서는 정독(정확히 읽기)하면서 중요한 내용 중심으로 연필로 밑줄을 긋습니다. 4단계(2번째 정독하기 + 3단계)에서는 밑줄 그은 부분만 정독하면서 지우개로 내용을 줄입니다. 5단계(3번째 정독하기 + 3~4단계)에서는 밑줄(연필)이 그어진 부분만 정독하면서 색펜으로 표시하며 내용을 줄입니다. 6단계(4번째 정독하기 + 3~5단계)는 밑줄(색펜)이 그어진 부분만 정독하면서 형광펜으로 표시하며 내용을 줄입니다. 7단계(펼쳐 내기 + 3~6단계)는 형광펜으로 표시된 키워드만 보면서 빠른 속도로 압축되었던 내용을 펼쳐냅니다. 7회독을 시작할 때 머릿속에 큰 바위의 이미지를 떠올리고, 머릿속 바위에 앞에 놓인 책을 통째로 새겨 넣겠다는 목표를 세우면 좋습니다. 1단계부터 3단계까지는 스케치를 하는 과정이고, 4단계부터 6단계까지의 과정을 거치면서 핵심을 설명하는 내용을 파내며, 7단계에서는 줄였던 내용을 입체적으로 펼쳐서 조각품을 완성합니다. '7회독 완전 학습 프로세스'를 쉽게 이해하려면 조각품을 만드는 순서를 생각하면 됩니다. 첫째, 위치 잡기. 둘째, 스케치하기. 셋째, 배경파기.

넷째, 입체적으로 세밀하게 표현하기. 이 과정은 고시와 공무원 수험생들이 2차 주관식 시험에서 전통적으로 활용했던 '목차 학습법'과 비슷하다고 보면 됩니다."

"합격수기와 선배들과의 간담회에서 귀가 닳도록 들었던 단권화 전략과 목차 학습법을 여기에서 다시 만나게 되니 감회가 새롭네요. 근데 왜 저는 책을 읽으면서 이런 생각을 하지 않았을까요?"

"요리를 잘 모르면 밀가루가 흰색 분말로 보이지만 제빵사에게는 밀가루가 맛있는 빵과 케이크로 보이고, 골동품을 잘 모르면 마당에 뒹구는 그릇이 개밥그릇으로 보이지만 골동품 감정사에게는 국보급 청자로 보이지요. 결국 어떤 대상에 대해서 얼마나 아느냐가 무엇을 볼 수 있느냐에 영향을 줍니다. 수석 군은 공부를 10년 했지만 저는 학습법을 10년 연구했으니 당연히 수석 군이 보지 못하는 것들이 보이는 것이겠지요."

"하긴 10년 동안 게임 중독에 빠져있던 제 친구는 게임으로 경영과 마케팅 이론을 설명하더군요. 저도 산을 엄청 좋아해서 산과 관련된 철학이 몇 개 있어요."

"'단권화 전략'과 '목차 학습법'에 대해서 모르는 수험생은 거의 없을 겁니다. 그런데 실천하는 수험생도 거의 없지요. 그 이유가 뭘까요?"

"아무래도 말처럼 그리 쉽지 않기 때문 아닐까요? 결국 독기나 의지의 부족이 영향을 미치는 것 같고요."

"물론 마음가짐이나 자세도 영향을 미치지만 더 중요한 것은 기본적인 학습 능력의 차이예요. 아까 프로 격투기 선수와 일반인의 차이를 설명했었지요? 어떤 종목에서든 기본기와 실전기술이 조화를 이뤄야 프로가 될 수 있지요. 예를 들어 A와 B라는 사람이 격투기 선수로 데뷔하겠다는 목표를 세웠어요. A는 실전기술을 익히기 위해 TV 중계를 보면서 로우킥, 암바, 백초크, 테이크다운, 파운딩 등을 열심히 따라했고, B는 기초체력을 키우기 위해 매일 아침저녁으로 산악조깅을 열심히 했습니다. A와 B가 격투기 대회에 출전해서 프로 선수와 시합을 벌인다면 어떻게 될까요? 둘 다 금방 링을 내려와야 할 겁니다. A는 저질체력으로 1분도 못 버티고 제풀에 지쳐서 쓰러질 것이고, B는 기술부족으로 1분도 안되어 암바나 백초크에 걸려서 항복을 할 겁니다. 결국 A의 실전기술과 B의 기초체력이 조화를 이루어야 제대로 된 시합을 할 수 있겠지요.”

“보기와는 다르게 선생님도 이종격투기 팬이신가 보네요. 전문용어가 술술 나오는 것을 보니 말이에요.”

“팬까지는 아니고 그냥 호기심에 하이라이트 동영상으로 가끔 보는 편이에요. 격투기를 예로 든 이유는 학습법도 비슷하기 때문입니다. **공부를 잘하려면 기본기와 실전기술이 조화를 이루어야 해요.** 그런데 대부분의 합격수기 책에서 저자들은 기본기는 빼고, 실전기술만 얘기해요. 수험생이라면 기본기는 이미 충분히 갖추었다고 예상해서 그럴 수도 있고, 지면의 여건상 기본기까지 다 다룰 수 없기 때문일 수도 있어요. 그리고 보통 기본기 얘기가 재미없고 힘만 들기 때문에 굳이 언급할 필요가 없다고 느끼기 때문일 수도 있고, 간혹 자신이 합격하는 데 어떤 기본기가 도움이 되었는지 잘 모르는 사람도 있어요. 그래서 사람들의 관심과 호기심을 자극하는 실전기술을 중심으로 책을 쓰는 겁니다. 독자들은 여기에만 현혹되어서는 안 돼요. '나는 이런 방법으로 공부해서 합격했다'라고 말할 때 '이런 방법'에만 초점을 맞추지 말고, '이런 방법'의 바탕을 이루는 '기본기'에 주목해야 해요."

"선생님 말씀에 충분히 공감합니다. 그렇다면 '7번 읽기 공부법(단권화 전략)'과 '7회독 완전 학습 프로세스(목차 학습법)'의 바탕이 되는 '기본기'는 무엇인가요?"

"바로 '기억과 학습의 원리에 따른 독서법'이지요."

"갑자기 도돌이표를 만난 것 같네요. 다시 처음으로 돌아가라는 뜻인가요?"

"맞아요. 첫 만남에서 재미없고 지루한 말을 많이 했던 이유가, 바로 실전 학습법의 효과를 보려면 기억과 학습의 원리를 반드시 알아야만 하기 때문이에요."

"마치 이런 장면을 예상하셨던 것처럼 때마침 딱 맞는 퍼즐 조각을 내놓으시는군요."

"'7번 읽기 공부법'을 다시 살펴보면 목차 읽기, 통독하기, 두 번째 통독하기, 정독하기, 두 번째 정독하기, 세 번째 정독하기, 네 번째 정독하기 등으로 구성되어있고, 7회독 완전 학습 프로세스는 목차 읽기, 통독하기, 첫 번째 정독하기, 두 번째 정독하기 + 3단계, 세 번째 정독하기 + 3~4단계, 네 번째 정독하기 + 3~5단계, 펼쳐내기 + 3~6단계 등으로 구성되어있습니다. 앞서 기억과 학습의 원리를 설명하면서 우리가 망각을 이기고 기억을 잘 하려면 다섯 번 이상의 반복을 해야 하는데, 반복이 어려운 이유는 아는 것을 반복하는 걸 싫어하는 우리 뇌의 특성 때문이라고 했습니다. 그리고 반복의 고통을 이기는 방법으로 참거나, 꿈꾸거나, 기술을 활용하라고 했지요. 그 기술의 핵심은 우리 뇌의 특성을 반영해 뇌가 새로운 대상이라고 착각하게끔 하면서 실제로는 같은 내용을 다섯 번 이상 반복하는 방법입니다. 예를 들어 교과서, 참고서, 문제집, 노트, 출력물 등으로 책을 바꾸면서 다섯 번 반복을 하거나 묵독, 낭독, 필사, 토론, 글쓰기 등의 다양한 독후활동으로 다섯 번 반복을 하는 방법이 대표적이지요. '7번 읽기 공부법(단권화 전략)'과 '7회독 완전 학습 프로세스(목차 학습법)'를 가만히 들여다보면 단계별로 모두 다른 방법이 적용되고 있다는 것을 확인할 수 있습니다. 결국 우리 뇌의 특성을 고려해서 **똑같은 내용을 반복하지 않고, 새로운 내용을 공부한다는 착각을 일으키면서 일곱 번 정도 반복하는 것이 핵심입니다.**"

"아, 기억과 학습의 원리에 따라 다섯 번 이상 반복해야 한다는 것을 아는 게 수험생이 갖춰야 할 가장 중요한 기본기란 말씀이군요."

"맞아요. 공부는 '반복'이고, 반복에 성공하려면 무조건 참거나 막연한 미래를 꿈꾸지만 말고, 우리 뇌가 좋아하는 방식으로 여러 번 반복하는 방법을 찾아서 적용해야 한다는 것이지요."

"혹시 또 다른 기본기가 있나요?"

"물론 있지요. '7번 읽기 공부법(단권화 전략)'과 '7회독 완전 학습 프로세스(목차 학습법)'는 정물화나 조각품을 완성하는 과정과 비슷하다고 했습니다. 결국 학습내용이 체계적으로 정리가 되어있느냐가 관건입니다. 그리고 정리가 잘 되려면 '구분'을 잘해야 하고요. 예를 들어 우리가 마인드맵의 효과를 잘 알면서도 활용을 하지 않는 이유는 마인드맵을 그리기가 생각보다 어렵기 때문입니다. 마인드맵을 그리려면 백지를 가로로 놓고, 핵심주제를 가운데에 적은 다음에 가지를 뻗어서 부제를 적고, 다시 가지를 뻗어서 세부내용을 적으면서 방사형으로 펼쳐야 합니다. 어떻게 해야 하는지는 알고 있지만 잘 안되는 이유는 핵심주제가 무엇인지 모르기 때문이지요. 그리고 부제와 세부내용이 핵심주제와 어떻게 연관되어있는지도 잘 모릅니다. 결국 마인드맵을 잘 그리려면 **책을 읽거나 수업을 들으면서 핵심내용을 파악하는 능력과 전체내용을 유기적으로 연결하는 능력**을 키워야 합니다. 이것이 두 번째 기본기입니다. 하지만 대부분의 수험생들이 이런 기본기는 무시한 채 효과적인 방법만 찾는 것 같아서 안타까울 뿐이지요."

"말씀을 듣다보니 제가 왜 평소에 공부를 하고 나서도 정리가 잘 안되고, 시험을 볼 때도 기억이 가물가물하거나 전혀 생각이 나지 않았는지 이유를 알 것 같네요. 두 가지 기본기도 벅차긴 하지만 조금 더 욕심을 내서 한 가지만 더 알려주실 수 있나요?"

"물론이지요. 세 번째 기본기는 독서(읽기) 과정의 이해입니다. 독서가 제대로 되려면 세 가지 과정을 잘 거쳐야 합니다. 바로 '인코딩 encoding(인지/입력)'과 '디코딩decoding(이해·기억/저장)', '씽킹thinking(사고표현/출력)'입니다. **인코딩은 의미를 정확하게 뇌에 입력하는 것이고, 디코딩은 뇌에 입력된 정보를 정확하게 이해하는 것이며, 생각하기는 자신이 읽고 이해한 내용을 말이나 글로 표현하는 것**으로서 '추상적 통합 독서'의 수준이라고 할 수 있습니다. 예를 들어 '산은 산이요, 물은 물이다'라는 문장이 있습니다. 만약 이 문장을 '산은 신이요, 물은 말이다'라고 읽는다면 인코딩에 오류가 생기면서 오해를 하게 되겠지요. 인코딩을 정확하게 한 후에 이 문장을 글자 그대로 이해하면 '산을 보고 산이라고 하고, 물을 보고 물이라고 하는구나'라고 디코딩하게 됩니다. 그런데 이 문장은 '일체유심조一切唯心造', 즉 사물 자체에는 맑음도 더러움도 없고 세상의 모든 일이 오직 사람의 마음에 달려있다는 의미를 상징하는 것입니다. 이렇게 문장 속에 포함되어있는 의미를 제대로 파악하는 것이 생각하기나 추상적 통합 독서입니다. 이 문장의 의미를 제대로 이해한 사람이라면 '똥은 똥이다'라는 말로 응용할 수 있습니다. 그리고 '똥은 방 안에 있으면 더럽고 냄새나는 오물이 되지만, 밭에 있으면 영양이 풍부한 거름이 됩니다. 똥 자체는 더럽지도 않고, 깨끗하지도 않으므로 똥은 똥일 뿐이지요'라고 설명이 가능할 겁니다."

"말씀을 듣다보니 얼마 전 친척들 잔치에서 만난 초등학생 조카들이 나누던 대화가 생각나네요. 동생이 광고에서 봤던 '아무도 2등은 기억하지 않습니다'라는 말이 무슨 뜻이냐고 했더니, 형이 '3등과 4등은 기억한다는 말이잖아'라고 대답하더군요. 그래서 제가 옆에서 듣고 있다가 '그건 1등만 기억한다는 의미야'라고 말해주었지요. 그랬더니 무슨 말인지 이해를 잘 못하더군요."

"좋은 비유네요. '아무도 2등은 기억하지 않습니다'라는 문장을 '3등과 4등은 기억합니다'라고 이해하면 디코딩 수준인 것이고, '1등만 기억합니다'라고 이해한다면 생각하기 수준이라고 할 수 있습니다. 독서의 세 가지 과정을 생각하기 수준에서 제대로 이해했군요."

"칭찬해주셔서 감사합니다. 그런데 독서의 세 가지 과정을 아는 게 왜 중요한가요?"

"좋은 질문이에요. 모든 공부와 마찬가지로 수험 공부도 결국 기본서나 참고서를 읽는 독서가 대부분을 차지합니다. 그래서 독서의 세 가지 과정을 포함하는 독서습관이 무엇보다 중요하지요. 그런데 이런 기본기를 갖추지 않고 무작정 책을 사서 보는 수험생이 많습니다. 이래서는 공부한 만큼 좋은 성과를 거두기가 어렵겠지요."

"그럼 독서의 세 가지 과정을 제대로 잘 거치고 있는지를 확인하려면 어떻게 하면 될까요? 그리고 혹시 문제가 있다면 해결 방법이 있나요?"

"물론이지요. 과정별로 점검과 문제해결을 동시에 할 수 있는 방법이 있답니다. 인코딩이 제대로 되고 있는지를 확인하려면 눈으로만 읽는 묵독을 하지 말고 소리 내어 읽는 낭독을 해보면 됩니다. 만약 묵독했을 때와 낭독했을 때 입력의 차이가 있다면 글자를 하나씩 또박또박 정확하게 읽는 '낭독朗讀훈련'을 하면 됩니다. 디코딩이 제대로 되고 있는지를 확인하려면 손으로 베껴 쓰는 필사를 해보면 됩니다. 묵독이나 낭독을 했을 때와 필사를 했을 때 이해의 차이가 있다면 읽은 글자를 하나씩 또박또박 베껴 쓰면서 정확하게 이해하는 '필사筆寫훈련'을 하면 됩니다. 생각하기가 제대로 되고 있는지를 확인하려면 다른 사람과 토론을 해보면 됩니다. 만약 낭독이나 필사를 했을 때와 토론했을 때의 이해 차이가 있다면 같은 책을 읽고 여러 사람과 얘기를 나누면서 통합적 사고력을 키우는 '토론討論훈련'을 하면 됩니다. 만약 혼자 공부하는 것을 좋아하는 스타일이라면 어려운 내용이나 이해가 안되는 내용이 나왔을 때 사전이나 인터넷 검색창을 활용해 바로 찾아보는 훈련을 해도 좋습니다."

"선생님 말씀을 듣고 보니 오늘부터 당장 낭독과 필사, 토론을 실천해야겠다는 의욕이 생기네요."

"좋은 생각이에요. 특히나 반복의 방법으로 낭독과 필사, 토론을 활용한다면 기억과 학습의 원리에 따라 반복했을 때 찾아오는 우리 뇌의 고통을 거의 느끼지 않으면서 5회 이상 반복에 성공할 수 있다는 장점도 있답니다. 묵독으로 1회, 낭독으로 2회, 필사로 3회, 토론으로 4회, 글쓰기로 5회 반복하는 것이지요."

"오늘 정말 제대로 된 수험 공부법을 하나 배운 것 같아서 뿌듯하네요. 너무 감사드려요."

"도움이 되었다니 나도 기뻐요. 오늘도 시간이 꽤 지난 것 같은데, 여기까지 할까요?"

"네, 그런데 선생님을 뵐 때마다 자꾸만 욕심이 커지는 것 같아요. 《7번 읽기 공부법》말고 다른 책들의 핵심포인트들도 짚어주실 수 있나요?"

"그래요. 나도 수석 군과 얘기를 나누면서 학습법 이론들이 체계적으로 정리가 되는 것 같네요. 그럼 2주 후에 학습법 책을 좀 더 살펴보고 다시 만날까요?"

"네, 좋아요. 2주가 금방 지나갈 것 같네요."

"그래요. 공부도 열심히 하고, 틈틈이 학습법 책도 재미있게 보길 바랍니다."

CHAPTER 6
반복의 달인들을 책으로 만나다

왕코치는 최수석과의 코칭 과정에서 정리된 새로운 내용을 강의 중에 활용해봤다. 그랬더니 반응이 폭발적이었다. 특히나 인코딩과 디코딩, 생각하기로 이어지는 독서의 세 가지 과정에 대한 반응이 뜨거웠다. '아무도 2등은 기억하지 않습니다'와 '산은 산이요, 물은 물이다'로 예를 들 때는 여기저기서 웃음이 터져 나왔다. 평소 강의 중에 청중을 웃기는 것이 여간 힘들지 않았던 터에 자연스런 웃음을 유발할 수 있는 콘텐츠를 추가하게 되어 기쁘게 여겨졌다. 그리고 주말에 최수석의 문자를 받은 왕코치는 더욱 기뻤다. 지난번 코칭에서 알려준 낭독과 필사를 공부할 때 적용해봤더니 어려운 내용을 이해하는 데 큰 효과가 있더라는 내용이었다. 배운 걸 바로 실천하는 것도 기특했지만 스스로 학습법의 효과를 체험하면서 가능성에 대한 믿음이 생겼다는 것이 무엇보다 기분 좋은 일이었다. 어느덧 2주일이 흘렀다. 이번에는 최수석이 먼저 와서 왕코치를 기다리고 있었다.

"먼저 와있었군요. 강의가 늦게 끝나서 조금 늦을 줄 알았더니 다행히도 제시간에 도착했네요."

"괜찮습니다. 지난번에 저도 늦었는데요 뭐."

"잠깐만 기다려요. 화장실 갔다가 차 한잔 받아올 테니."

"네, 천천히 하셔도 됩니다."

왕코치는 미팅룸을 들어서면서 뭔가 심상치 않은 기운을 느껴서 흠칫 놀랐다. '선비는 3일 후에 다시 봐야 한다'는 말이 있는데, 2주 동안 최수석이 많이 바뀐 것 같았다. 살아있는 눈빛으로 뭔가 대단한 질문들을 준비하고 있는 사람처럼 보였다. 왕코치는 오랜만에 느껴보는 기분 좋은 에너지를 만끽하면서 자리에 앉았다.

"2주 동안 잘 지냈나요?"

"네, 선생님께 문자를 드린 대로 공부도 더 잘되고, 학습법 책을 읽는 재미도 쏠쏠했습니다."

"나도 업그레이드된 콘텐츠 덕분에 강의만족도를 높일 수 있어서 기분이 좋았답니다."

"오늘 질문할 것이 너무 많아서 빨리 시작하고 싶네요."

"그래요, 장풍이라도 나올 것 같은 느낌이네요(웃음)."

"지난번 야마구치 마유의 《7번 읽기 공부법》에 대해 설명을 듣고 난 후에 학습법에 대한 관심이 커져서 관련 책들을 틈틈이 읽어봤는데요. 그중에서 몇 권이 기억에 남았습니다. 특히 사토 야마토의 《꼼수 공부법》이 인상적이었어요."

"그래요. 제목부터가 눈길을 끄는 책이더군요. 내용은 어땠나요?"

"정답부터 먼저 보고 문제를 이해하는 '꼼수 공부법'으로 사법 시험에 합격해 변호사가 되었다는 것이 인상적이었습니다. 그런데 특별한 프로세스가 있는 것 같지는 않더라고요. 저도 문제가 너무 어려워서 풀리지 않을 때 가끔 정답부터 보는 경우가 있거든요."

"선입관이나 편견은 학습법을 공부할 때 갖지 않는 게 좋아요. 늘 긍정적인 열린 마음으로 좋은 면을 살펴봐야지요."

"네, 그래서 선생님의 도움이 필요할 것 같아요."

"'꼼수 공부법'은 '정답을 보고, 문제를 풀고, 참고서를 읽는다'가 핵심이에요. 보통의 공부법이 참고서를 읽고, 문제를 풀고, 정답을 확인하는 것인데, 정반대인 셈이지요. 책의 앞부분에는 전교 꼴찌였던 저자가 변호사가 되기까지의 과정이 수기 형태로 서술되어있어서 동기부여에 도움이 되지요. 사실 **꼼수 공부법의 핵심은 '정답부터 본다'가 아니라 '문제집을 7번 이상 푼다'**예요."

"네? 책에 그런 내용은 없었던 것 같은데요?"

"지난 시간에 디코딩과 생각하기 수준의 독서의 차이를 설명했지요? 만약 7번 이상 반복이 핵심이라는 것을 이해하지 못했다면 디코딩 수준에 머무른 독서를 했다고 봐야 해요."

"아, 정말 모든 책을 볼 때 독서의 과정이 적용되겠네요."

"맞아요. 그래서 중요한 기본기라고 강조하는 것이지요. 본문에 나오는 꼼수 공부법의 구체적인 방법은 다음과 같아요. 첫 번째 단계에서 기출 문제집을 한 권 정한 후에 차례를 살펴보고 나서 문제와 정답을 대충 훑어봅니다. 두 번째 단계에서 정답과 문제를 맞춰보는 과정을 여러 번 반복합니다. 세 번째 단계에서 정답과 문제에 풀이를 덧붙이는 과정을 여러 번 반복합니다. 두 번째와 세 번째 단계의 과정을 열 번 정도 반복하고 나서 스테디셀러 중 얇은 문제집을 두 권 정도 고릅니다. 이 문제집도 기출 문제집을 볼 때처럼 정답만 보기, 정답과 문제 보기, 정답과 문제, 풀이 보기의 과정을 거칩니다. 그리고 얇은 문제집 두 권과 기출 문제집 한 권, 총 세 권을 번갈아 보면서 반복적으로 읽습니다. 이 과정을 다시 열 번 반복한 다음 새로운 문제집이나 기출 문제집을 사서 앞의 과정을 반복합니다."

"네? 그렇다면 이 사람은 7번이 아니라 문제집을 수십 번 이상 본 거네요."

"맞아요. 겉으로는 '꼼수 공부법'이라고 했지만 속에는 '정수 공부법'이 담겨있어요. 영어 공부를 할 때 보통 어떤 책을 보는지가 중요하다고 생각하지만, 사실 '일주일에 3일 이상 하루에 30분 정도씩 3개월만 꾸준히 공부하세요'라는 말이 핵심이지요. 학습법도 마찬가지예요. 문제를 먼저 풀든지 정답을 먼저 보든지 그건 그리 중요한 부분이 아니에요. 문제와 정답을 다섯 번 이상 반복해서 학습했는지가 핵심인 것이지요."

"결국 헤르만 에빙하우스의 주기적 5회 이상 반복이 학습의 핵심 원리란 말씀이군요."

"맞아요. 이 원리만 제대로 알아도 어떤 방법으로든 효과를 볼 수 있지요. 반대로 이 원리의 핵심을 모르면 어떤 방법도 무용지물이지요. 《꼼수 공부법》의 저자 사토 야마토도 역시 '참는 자'에 해당된다고 할 수 있어요. 물론 단계별로 방법을 조금 바꾸기는 했지만 같은 문제집을 열 번 이상 봤으니까요. 보통의 수험생이라면 사토 야마토와는 달리 열 권의 문제집을 한 권씩 푸는 방법이 더 효과적일 것 같네요. 왜냐하면 우리 뇌가 새로운 대상이라고 착각하기가 쉬울 테니까요."

"저도 문제집을 풀 때 '꼼수 공부법'을 적용해서 같은 문제집을 여러 번 훑어보듯이 풀거나 여러 가지 문제집을 바꿔가면서 풀어야겠네요."

"기본서를 볼 때는 《7번 읽기 공부법》, 참고서를 볼 때는 《올패스 공부법》, 문제집을 풀 때는 《꼼수 공부법》을 활용한다면 더 좋겠지요."

"한 달 만에 기본서와 참고서, 문제집을 공부하는 방법이 체계적으로 잡힌 기분입니다. 너무 기분 좋아요."

"그래요. 큰 틀은 잡았으니 하나씩 실천하면서 자신만의 방법으로 완성하는 일만 남았군요."

"참, 요즘 아이카와 히데키의《파란펜 공부법》이 수험생들 사이에서 인기인데, 어떻게 생각하시나요?"

"네, 저도 그런 얘기를 들은 것 같네요. 그런데《파란펜 공부법》은 학습법이라고 할 만한 게 아닌 것 같군요."

"네? 수험생들은 무척이나 도움이 된다고 하는데, 왜 그런가요?"

"《파란펜 공부법》은 '암기할 단어나 문장을 파란펜으로 적기'와 '노트와 메모를 할 때 무작정 쓰기'로 구성되는데, '무작정 파란펜 쓰기 공부법'이라고 할 수 있습니다. 책 표지에는 명문대 합격생 12만 명이 검증한 세계에서 가장 단순하고 효과적인 방법이라고 소개되어있네요.《파란펜 공부법》을 활용하면 기억력이 좋아지고, 마음이 차분해지며, 공부의욕이 샘솟고, 효과를 바로 확인할 수 있으며, 어떤 정보를 선택하고 버려야 할지 한눈에 보이고, 커뮤니케이션 능력이 향상되며, 오감을 사용하므로 나이에 관계없이 뇌가 젊어진다고 합니다.《파란펜 공부법》의 저자는 '꿈꾸는 자'에 해당된다고 할 수 있으며, 파란펜이 긍정적인 결과를 가져온다는 믿음과 확신 때문에 좋은 결과를 얻은 것입니다."

"그럼 파란펜이 수능 수험생들에게 선물로 주는 휴지(잘풀라는 의미)나 거울(잘보라는 의미), 찹쌀떡과 엿(찰싹 붙으라는 의미), 포크나 도끼(잘찍으라는 의미), 탁상달력(3월엔 대학생이 된다는 의미) 등과 비슷한 물건이라는 말씀인가요?"

"맞아요.《파란펜 공부법》은 색깔이 있는 펜으로 공부하는 '색펜 공부법'의 일종인데, 동기부여에는 도움이 되지만 학습법으로는 별로 효과가 없는 방법입니다. 책을 쓴 저자가 추천하는 파란펜으로 공부했더니 효과가 있다고 느끼는 것이지요. 동기부여 차원에서 공부한 내용이 잘 외워진다면 계속 파란펜을 써도 좋습니다. 다만 특정 색깔이나 브랜드 제품에 너무 의존하는 것은 좋지 않습니다. 왜냐하면 그 볼펜을 잃어버리거나 제품이 단종되었을 때 금단 증상으로 공부가 안 될 수도 있기 때문이에요."

"제 친구 중에 한 명이 최근에 아끼던 볼펜을 한 자루 잃어버렸다고 멘붕이 되더군요. 결국 며칠이나 찾다가 포기하고 새로운 펜을 샀는데, 아직까지도 적응이 되지 않아 힘들다고 하더군요."

"어떤 도구에든 너무 애착이 생기면 분실했을 때 상심이 클 수 있어서 유의해야 해요. 특히나 수험생은 예민하기 때문에 더욱 주의해야 하지요. 학습법 측면에서 펜을 사용해 효과를 보려면 3색 볼펜 공부법이 더 좋습니다. 《반복 학습이 기적을 만든다》의 저자 사이토 다카시는 독해력 향상을 위해 3색 볼펜을 활용하라고 강조합니다. **파란색으로는 중요한 내용, 빨간색으로는 매우 중요한 내용, 녹색으로는 흥미로운 내용에 밑줄을 그으라는 거지요.**"

"저도 파란펜 공부법보다는 3색 볼펜 공부법이 더 좋을 것 같네요."

"저는 파란색과 빨간색, 녹색 볼펜에 형광펜까지 더해서 **4색 볼펜 공부법을 추천한답니다. 암기가 필요한 핵심키워드에 형광펜으로 표시하는 방법**이지요."

"그럼 형광펜도 노랑, 연두, 분홍 등 여러 가지 색을 활용하는 게 좋을까요?"

"아니에요. 너무 많은 색깔을 사용하면 눈이 어지러울 수도 있으니 최대 네 가지 색 정도가 적당할 것 같네요."

"역시, 과유불급過猶不及이네요."

"그래요. 뭐든 적당한 것이 좋지요."

"다른 책들도 궁금하니 짧게라도 핵심을 짚어주세요."

"그럴까요? 이슬기의《치사한 공부법》에는 6개월 만에 9급 공무원 시험에 합격한 노하우가 담겨있어요. 공부에서 생활, 마인드까지 필요 없는 것은 모두 버리는 나만의 맞춤형 합격 전략을 제시한다는 메인 카피의 내용처럼 자기관리에 큰 비중을 두고 있지요. 책에는 무의식까지 컨트롤하는 생활 패턴 관리법, 무조건 외우지 않는 치사한 암기술, 세 권이면 끝나는 필살기노트 작성법, 슬럼프에 빠지지 않는 마인드 컨트롤 비법 등이 담겨있어요. 암기를 할 때 스토리텔링 활용하기, 연관성 찾기, 패턴 찾기, 스캔하기, 오감 활용하기 등 다양한 방법을 사용해서 외웠고, 키노트, 오답노트, 약점노트 등으로 노트 정리도 잘했습니다. 결국 이런 암기법과 노트 정리법도 다섯 번 이상 반복하기 위한 나름의 방법이라고 할 수 있으므로 기억과 학습의 원리를 적절하게 활용했다고 볼 수 있겠네요. 전효진의《독하게 합격하는 방법》과 김성진의《둔재의 공부법》, 권호진의《공무원 합격 자신만만 공부법》도 비슷한 책이라고 할 수 있습니다."

"저도 이슬기님과 전효진님의 책을 봤는데, 정말 철저한 자기관리와 시간관리의 모범적인 사례를 보는 것 같았습니다. 책을 보면서 사실 조금 찔리기도 했어요. 저의 생활 모습과는 천지차이라서요."

"책을 낼 정도면 최고 수준이라고 생각하고 괜한 비교로 마음 상할 필요 없어요. 자신이 할 수 있는 최선을 다하는 자세가 더 중요해요."

"선생님이 그리 말씀하시니 조금이나마 위로가 되네요."

"다카시마 데쓰지의 《잠자기 전 1분 정리 공부법》도 추천할 만해요. 저도 강의 중에 잠들기 전 30분 공부의 중요성을 강조하곤 하는데, 비슷한 내용이 담겨있더군요. 우리가 낮에 공부한 것을 잘 기억하지 못하는 이유는 눈과 귀로 들어오는 시청각 정보가 공부한 내용의 기억을 방해하기 때문이에요. 하루 24시간 중에서 시청각 정보가 없는 유일한 시간이 바로 잠을 자는 동안입니다. 그래서 잠들기 전 30분 동안에 공부를 하고 바로 자면 공부한 내용이 그대로 머릿속에 저장될 확률이 높아지는 겁니다. 다카시마 데쓰지는 이런 원리에 따라 잠들기 전 30분 동안 공부하고 잠들기 직전에 1분 동안 핵심을 정리하는 것을 추가로 강조합니다. 아침에 일어나자마자 1분 동안 다시 한 번 확인하면 더 좋고요. 31~32분 정도의 시간을 투자한 것에 대한 효과는 기대 이상입니다. 번역자가 실제로 실천해봤더니 영어단어가 잘 외워지더랍니다. 그래서 잠자기 전 1분 정리 공부법으로 하루를 지배하는 것을 넘어 자기 인생도 지배할 수 있다고 예찬하지요."

"너무 과한 비약이 아닐까요? 1분 투자로 그렇게까지 큰 효과를 거둘 수 있다고 하니 믿어지지 않네요."

"실제로 해보면 기억이 얼마나 잘 되는지 스스로 놀라게 될 겁니다."

"그럼 저도 당장 오늘부터 잠들기 전 30분과 잠들기 직전 1분 동안 낮에 공부했던 것 중에서 핵심만이라도 다시 한 번 보면서 정리를 해봐야겠네요."

"카바사와 시온의 《나는 한번 읽은 책은 절대 잊어버리지 않는다》도 좋더군요. 10년이 지나도 기억나는 독서법의 핵심은 일주일에 3회 이상 아웃풋을 하는 겁니다. 첫째, 책을 읽으면서 메모하고, 형광펜으로 밑줄을 긋습니다. 둘째, 책 내용을 다른 사람에게 얘기하고, 책을 추천합니다. 셋째, 감상글과 깨달음, 책 속의 명언을 SNS로 공유합니다. 넷째, 블로그나 SNS에 서평과 리뷰를 씁니다. 카바사와 시온도 결국 메모하기, 밑줄 긋기, 얘기하기, SNS로 공유하기, 리뷰 쓰기 등의 다양한 독후활동을 통해 다섯 번 이상 반복에 성공했기 때문에 10년이 지나도 책 내용을 자세히 기억할 수 있었던 겁니다."

"학습법 책들을 살펴보면서 종합 선물 세트를 받은 것처럼 기뻤습니다. 선생님이 친절하게 설명을 해주시니 맛이 더욱 좋더군요."

"고마워요. 맛있게 먹어줘서. 미안하지만 오늘은 다른 일정이 있어서 여기서 마무리를 해야 할 것 같네요."

"네. 저도 오늘 배운 걸 조금이라도 빨리 공부에 적용해보고 싶어요."

"그래요. 우리 다음에 또 만나기로 하고 오늘은 여기까지 하지요."

"선생님, 감사합니다. 공부하다가 막히는 게 있으면 연락드릴게요."

"그래요. 파이팅~!"

PART 2

학습법 워크숍에서
공부의 길을 걷다

CHAPTER 7
자신만의 학습 전략을 세워라

최수석은 왕코치가 알려준 대로 '7번 읽기 공부법'으로 기본서를 보고, '올패스 공부법'으로 참고서를 보며, '꼼수 공부법'으로 문제집을 풀었다. 그리고 5회 이상 반복과 체계적인 정리, 독서의 과정 등의 기본기도 철저히 지키려고 노력했다. 하지만 그리 쉽지만은 않았다. 다행히도 작심삼일의 첫 번째 위기는 넘겼지만 2주가 지나자 점점 힘에 부치기 시작했다. 아무래도 작심삼주의 두 번째 위기는 도저히 넘기가 어려울 것 같았다. 최수석은 왕코치에게 SOS 문자를 보내서 도움을 요청했다. 그랬더니 왕코치가 마침 수험생들을 위한 주말

학습법 워크숍을 진행할 예정인데 참석할 수 있냐고 물었다. 최수석은 작심삼주의 위기를 넘기기 위해서라면 어떤 일도 해낼 각오가 되어있던 터라 흔쾌히 참석하겠다고 했다. 왕코치도 소수 정예로 운영하는 과정이지만 최수석을 위해 특별히 자리를 마련하겠다고 했다. 최수석은 감사하는 마음으로 주말이 오기만을 기다렸다.

드디어 주말이 되었고, 최수석은 설레는 마음으로 교육장으로 향했다. 서울 강남의 지하철역 인근에 위치한 교육장은 쾌적하고 안락한 분위기였다. 주중에는 사무 공간으로 쓰고, 주말에는 교육장을 임대해준다는 안내판이 붙어있었다. 이런 공간이 강남에 있었다니 새로운 발견이었다. 교육장 앞에서 스태프로 보이는 여직원이 참가자 명단을 확인하고 있었다. 최수석이 이름을 말했더니 무척이나 반기면서 뒷좌석으로 안내했다. 교육장 안에는 10명 정도의 수험생들이 자리를 차지하고 있었다. 최수석은 앉아서 차를 한 잔 마시며 교재를 살펴보고 있었다. 10분 정도 지나자 빈자리가 거의 다 찼고, 10시 정각에 왕코치가 들어왔다. 최수석은 어떤 내용을 배우게 될지 기대감에 부풀어서 왕코치를 쳐다봤다. 강의가 시작되었다.

"수험생 여러분 반갑습니다. 학습법 워크숍을 통해 인연을 맺게 되었네요. 귀한 시간을 내어 참여한 만큼 알차고 유익한 시간이 되길 바랍니다. 늦으시는 분들이 있기는 하지만 일찍 오신 분들을 마냥 기다리게 할 수는 없으니 강의를 시작하도록 하겠습니다. 첫 시간은 공부할 때 도움이 되는 스트레칭과 체조를 배우면서 워밍업을 할 겁니다. 제가 알려드리는 동작은 모두 공부와 관련이 있으니 잘 배워두었다가 활용하시기 바랍니다. 먼저 바른 자세로 앉아서 고개를 왼쪽으로 돌렸다가 원위치합니다. 이번에는 오른쪽으로 돌렸다가 원위치합니다. 왼쪽과 오른쪽 중에서 불편하다고 느껴지는 쪽 손을 들어보세요. 이때 별 차이가 없다면 평소에 안 쓰는 쪽 손을 들면 됩니다. 위로 든 손은 뾰족하게 만들고 다른 손은 손바닥을 하늘로 향하게 합니다. 지금부터 손바닥 내리치기를 할 건데, 유의할 점을 두 가지 알려드리겠습니다. 양손을 가슴 쪽으로 모아서 하거나 양팔을 크게 상하로 움직이면서 하는 것은 반칙입니다. 제가 '시작'이라고 말하면 10초 동안 자신이 할 수 있는 가장 빠른 속도로 손바닥을 내리치면서 속으로 숫자를 셉니다. 준비되셨나요? 그럼 시작!"(수험생들은 정말 열심히 손바닥 내리치기를 했다.)

"그만하시구요. 40회 이상 하신 분이 계신가요? 50회 이상 하신 분은요? 혹시 내가 제일 많이 했다고 생각하시는 분은 손을 들고 몇 번을 했는지 말씀해주세요. 예? 59번이나 했다고요? 박수 한번 보내주시지요. 대단하시네요. 혹시 예습하셨나요(웃음)? 자, 이제 다시 고개를 왼쪽으로 돌려보세요. 그리고 오른쪽으로도 돌려보세요. 좀 전에 불편했던 부분이 괜찮아졌다고 느끼시는 분은 손을 들어보세요. 네~ 효과를 보신 분이 많으시네요. 이 동작은 집중력 향상에도 도움이 되니 잘 활용해보세요. 이번에는 양손바닥을 펴고 어깨 넓이만큼 벌린 후에 얼굴 옆에 오게 해보세요. 지금부터 손바닥 오므렸다 펴기를 할 겁니다. 이 동작을 70세 이상 된 할아버지·할머니에게 시키면 인상만 쓰고 빨리 못 하시더라고요. 여긴 그런 분은 안 계시겠지요? 좀 전과 마찬가지로 10초 동안 자신이 할 수 있는 가장 빠른 속도로 '손가락 오므렸다 펴기'를 반복하면 됩니다. 준비되셨나요? 그럼 시작!"

이번에도 수험생들은 왕코치의 지시에 따라 손가락을 오므렸다 펴기를 반복했다.

"그만하시고요. 50회 이상 하신 분은 손을 들어보세요. 혹시 60회 이상 하신 분이 계신가요? 와~ 한 분 있네요. 박수 한번 보내주세요. 지금까지 세 가지 동작을 함께해봤는데요. 첫 번째, 머리를 좌우로 움직이는 건 어떤 동작이지요? 네, 맞아요. '도리도리'라고 합니다. 두 번째, 손바닥 내리치기요? '곤지곤지'이지요. 세 번째, 손가락 오므렸다 펴기는 '잼잼'입니다. 우리가 어린 아기들에게 귀엽다고 시키는 '도리도리', '곤지곤지', '잼잼'은 두뇌와 신체를 원활하게 해주는 데 도움이 되는 동작들입니다. 조선시대 왕실에서부터 내려오는 전통 육아 체조이기도 했고요. 조선 후기에 일반 서민들에게도 널리 알려진 것입니다. 그런데 이 동작들은 아기들에게만 도움이 되는 것이 아니라 남녀노소 누구에게나 효과가 있답니다. 특히나 공부하는 수험생들이 활용하면 좋습니다. 네 번째로 집중력을 순간적으로 향상시킬 수 있는 동작을 배워보겠습니다. 양쪽 손가락을 펴서 15~20센티

미터 정도 벌린 상태에서 배 쪽에 위치시킨 후에 제가 '시작'이라고 하면 30회 정도 '손끝박수'를 치면 됩니다. 준비되셨나요? 그럼 시작! 와~ 벌써 30회를 다했나요? 혹시 둘, 넷, 여섯 식으로 숫자를 건너뛴 것은 아니겠죠? 이런 식으로 손끝박수를 30회 정도만 해도 순간적으로 집중력을 향상시킬 수 있습니다. 다섯 번째로 배울 동작은 긴장감과 불안감, 스트레스를 줄이는 데 도움이 되는 겁니다. 손을 뒤집어서 손가락 깍지를 끼시고 배 쪽으로 가만히 손을 모아보세요. 조금 아픈 느낌이 드는 것은 정상적인 반응이니 괜찮습니다. 이렇게 손가락 깍지를 껴서 천천히 오므렸다 펴기를 3회 정도 하면 마음이 편안해지는 것을 느낄 수 있습니다. 이때 눈을 감고 코로 깊게 숨을 들이마신 후에 입으로 천천히 내뱉으면서 명상을 하듯이 호흡까지 조절하면 더욱 효과적입니다. 끝으로 손가락 스트레칭을 배워보겠습니다. 스트레칭을 할 때는 반동을 주면 안 되고, 너무 약하거나 세지 않게 당기는 느낌이 들 정도로 하면 됩니다. 한 손을 뒤집어서 쭉 뻗은 후에 다른 손으로 새끼손가락부터 하나씩 3~5초 정도 몸 쪽으로 천천히 당깁니다. 약지, 중지, 검지, 엄지 순서로 스트레칭합니다. 이 동작을 마치셨으면 손을 바꾸어서 새끼손가락부터 하나씩 스트레칭하면 됩니다. 열 손가락을 모두 스트레칭한 후에는 양손을 들어 털면서 마무리합니다. 지금까지 여섯 가지 동작을 함께해봤는데요. 이걸 '3분 합격 체조'라고 합니다. 아침저녁으로 해도 좋고, 쉬는 시간에 틈틈이, 점심 먹고 식곤증이 오는 오후 시간에 해도 효과적입니다. 이제 몸도 풀렸고, 빈자리도 다 채워졌으니 본격적으로 강의를 시작해볼까요?"

최수석은 학교나 학원에서 교수님과 강사님의 딱딱한 이론 중심의 강의만 듣다가 갑자기 레크리에이션 같은 분위기가 연출되자 조금은 당황했다. 하지만 게임을 하듯이 진행하는 왕코치의 노련함에 자신도 모르게 체조에 빠져들게 되었다. 최수석은 재미도 있고 공부에도 도움이 된다고 하니 잘 기억해두었다가 내일부터 당장 써먹어봐야겠다고 생각했다.

"먼저 시대의 흐름에 따른 학습법의 중요성부터 살펴보겠습니다. 인류의 역사는 '수렵사회(250만 년 전～1만 2천 년 전) → 제1의 물결(농업혁명) → 농업사회(1만 2천 년 전～300년 전) → 제2의 물결(산업혁명) → 산업사회(1700년～1980년) → 제3의 물결(정보혁명) → 지식정보사회(1980년～2010년) → 제4의 물결(창조혁명) → 창조사회(2010년～)' 등으로 변화되어왔습니다. 1700년대 초 증기기관의 발명으로 촉발된 제2의 물결을 제1차 산업혁명으로 보고, 1900년대 초 전기와 자동차의 등장을 제2차 산업혁명의 시작으로 보며, 1980년대 컴퓨터와 인터넷의 등장을 제3차 산업혁명으로 보고, 2010년대 인공지능, 사물인터넷, 가상현실, 3D 프린팅, 빅데이터 등의 등장을 제4차 산업혁명으로 보기도 합니다. 우리가 많이 쓰는 물건인 컴퓨터를 예로 들면 1980년대에는 286 컴퓨터를 썼고, 1990년대에는 386 컴퓨터, 2000년대에는 486 펜티엄 컴퓨터, 2010년대에는 586 펜티엄4 컴퓨터를 썼습니다. 시간이 흐를수록 과학기술은 엄청난 속도로 발달하고 있고, 우리가 쓰는 물건의 성능도 기하급수적으로 좋아지고 있습니다. 그런데 공부하는 방법은 어떤가요? 혹시 20년 전과 같은 방법으로 공부하고 있지는 않습니까? 잠시 동영상을 하나 보겠습니다."

강의실에 준비된 화면에서는 각종 스포츠의 화려한 기술을 보여주는 영상이 나오기 시작했다.

"스포츠 분야에서는 어떤 선수가 갑자기 특별한 기술을 선보이면서 세계 신기록으로 우승하는 경우가 많습니다. 대표적인 예가 수영의 '플립 턴Flip Turn'과 높이뛰기의 '배면뛰기Flop Jump'입니다. 스포츠 분야에서는 어떤 선수가 신기술로 우승하면 다른 프로 선수들뿐만 아니라 일반인에게도 그 기술이 빠르게 공유됩니다. 하지만 학습법 분야는 어떤가요? 분명 신기술과 같은 방법이 있을 테지만 이상하게도 공유가 잘 되지 않습니다. 이번 워크숍에서는 그동안 베일에 싸여있던 학습성공인들의 비법을 낱낱이 공개해서 여기에 참석한 분들만이라도 공유할 수 있도록 하겠습니다. 기대되시나요? 좋습니다. 혹시 '합격 마스터 플랜'이라고 들어보셨나요? 수험설계의 원칙에 따라 합격 체크리스트를 만들고 합격 필승 전략을 수립하면 시험에 합격할 수 있다는 것입니다. 구체적인 내용을 살펴보면 다음과 같습니다. **첫째, 목표를 정합니다.** 시장 조사와 향후 직업 전망을 바탕으로 시험 대상을 정하는 것이죠. **둘째, 비전을 세웁니다.** 이때 합격 후의 삶을 명확하게 정하고, 합격해야만 하는 분명한 이유도 정합니다. **셋째, 시험 정보를 분석합니다.** 일반적으로 수험안내서와 합격수기, 선배와의 면담을 바탕으로 총체적인 분석을 하는 과정입니다. **넷째, 수험설계를 합니다.** 이 단계에서는 완전 학습 이론과 수험설계의 원칙을 바탕으로 D-000 목표를 세웁니다. **다섯째, 학습법 테스트를 합니다.** 여러분의 수준과 공부 습관 분석을 제대로 해야만 학습 효율을 높일 수 있습니다. **여섯째, 책상에 앉는 연습을 합니다.** 많은 분들이 어려워하는 단계인데요. 물리적인 공부 시간을 최대한 확보하기 위해 오래 앉기에 익숙해지려 노력합니다. **일곱째, 공부 시간을 늘립니다.** 책상에 앉는 것이 익숙해지면 그 다음으로 공부 시간을 늘리는 데 집중해야 합니다. **여덟째, 공부의 질을 높일 필요가 있습니다.** 학습의 7요소(집중력, 이해력, 암기력, 정신관리, 학습관리, 환경관리, 건강관리)의 조화와 균형을 이루는 것이 중요합니다. **아홉째, 학습 컨설팅을 받습니다.** 공부를 하다보면 누구나 한 번씩 어려움에 빠지곤 합니다. 그때는 주저하지 말고 전문가의 조언과 피드백을 통해 합격을 위한 확실한 투자를 해야 합니다. **열째, 끊임없는 동기부여를 합니다.** 좋은 글과 동영상, 명언과 격언, 합격수기 등의 환경에 자신을 지속적으로 노출시키는 것도 많은 도움이 된답니다. 합격을 위한 셀프 리더십으로 '마스터 플랜 양식'을 작성하면 더욱 좋습니다. 목표는 '나는 ○○까지 ○○○ 목표를 반드시 달성하겠다'라고 정하고, 비전은 '나는 ○○ 때문에 목표를 달성해야 하고, 그 후 ○○○ 비전을 달성하겠다'라고 정하며, 슬로건은 자신이 좋아하는 명언이나 격언, 좌우명으로 채웁니다. 목표 달성 후에 하고 싶은 일은 물질적 보상과 정신적 보상을 중심으로 구체적으로 기술하고, 미리 합격 인터뷰를 연습해 합격을 현실화시켜보세요. 이어서 나만의 학습 전략도 세워보세요. **1단계로 낭비된 시간을 찾습니다.** 자투리 시간을 찾은 후에 활용 방법을 생각해보세요. **2단계로 계획을 세웁니다.** 할 일 목록을 작성해서 학습 계획을 세우는 과정입니다. **3단계로 1주간 계획을 실행합니다.** 학습 계획을 실행하면서 자신만의 학습법을 찾아보세요. **4단계로 학습 패턴을 정착시킵니다.** 3~7주 정도 반복하면서 습관화를 시키는 것이 중요합니다. **5단계로 스톱 앤 씽킹**Stop & Thinking **프로세스를 활용합니다.** 유혹의 순간에는 반드시 기회비용을 생각해야 합니다. **6단계로 학습량을 늘립니다.** 자기 나름대로 학습량을 늘릴 수 있는 방법을 찾아보는 것이 중요합니다. **7단계로 학습 전략을 점검합니다.** 주기적으로 학습 전략을 점검하면서 수정·보완해나갑니다. 학습설계를 할 때는 고정 스케줄인 강의시간표를 중심으로 강의 외의 스케줄을 참고한 후에 자기주도 학습이 될 수 있도록 설계하는 것이 원칙입니다. 이때 40시간을 합리적이고 과학적인 선택에 따라 우선해서 배치하고, 토요일과 일요일 중에서 하루는 버퍼(쉬는 시간)를 두는 것이 좋습니다. 그리고 학습 계획을 세울 때는 날짜를 적고, 몇 시부터 몇 시까지 어떤 과목의 어떤 책으로 얼마만큼 할 건지를 구체적으로 명시하면 좋습니다. 또한 평가를 위한 빈칸을 마련해두는 것도 잊지 않아야 합니다. 첫 시간은 여기까지만 하고 잠깐 쉴까요?"

왕코치의 설명은 최수석에게 큰 충격을 주었다. 쉬는 시간이 되었는데도 자리에서 일어나지 못할 정도였다. 최수석은 2년이 넘게 수험 공부를 하면서도 '합격 마스터 플랜'이나 '자신만의 학습 전략'에 대해서 생각해본 적이 없었다. 건물을 제대로 잘 지으려면 설계도와 청사진이 필요한 것처럼 시험 합격을 위한 기본적인 플랜과 전략이 필요하다는 것을 생각하지 않았다는 것과, 누구도 이런 사실을 알려주지 않았다는 것을 책망했다. 최수석은 스스로에게 느끼는 실망감과 주변 사람들에 대한 배신감이 겹치면서 땅이 꺼질 것 같은 한숨을 쉬었다. 거의 멘붕 상태에 이르렀지만 이렇게 쳐져있으면 안 된다고 생각하고는 자리를 박차고 일어났다. 화장실을 다녀와서 물을 한 컵 들이켰더니 속이 좀 풀리는 것 같았다. 곧 다음 강의가 이어졌다.

CHAPTER 8
자기관리의 비결과 시험의 기술

"시험에 합격한 사람들은 모두 자기관리의 달인이라고 할 수 있습니다. 자기관리는 '학습관리', '환경관리', '시간관리' 등 세 가지로 구성되는데, 하나씩 살펴보겠습니다. 학습관리란 공부를 대하는 나의 태도와 습관을 의미합니다.

우선 공부 환경과 나의 역량 두 가지를 기준으로 도움이 되는 환경 요소와 방해가 되는 환경 요소, 도움이 되는 자신의 장점과 방해가 되는 자신의 단점으로 나누어서 체크를 합니다. 항목별로 긍정적인 것들은 유지하고, 부정적인 것들은 보완해나가는 것이 학습관리를 잘하는 비결입니다. 예를 들어 도움이 되는 환경 요소에는 경제적인 여유와 조용한 공부방이 있고, 방해가 되는 환경 요소에는 잦은 술자리와 통화(문자)가 있으며, 도움이 되는 자신의 장점에는 자신감과 커뮤니케이션 능력이 있고, 방해가 되는 자신의 단점에는 성급함과 끈기 부족이 있습니다.

환경관리란 공부와 관련된 내적·외적 환경을 관리하는 것을 의미합니다. 환경관리에는 물리적·신체적·심리적·사회적 환경관리 등의 네 가지가 포함됩니다. 물리적 환경관리는 일단 어디에서 공부가 잘되는지를 확인하는 것에서부터 시작됩니다. 공부방, 도서관, 독서실, 카페, 학원 등 각자 선호하는 장소가 있을 겁니다. 가능한 그곳에서 많은 시간 동안 공부하는 것이 좋습니다. 만약 공부방을 선호한다면 책상과 의자, 조명, 벽지 색깔, 냄새, 소리 등의 방해 요인을 제거하면서 최적의 환경을 조성해야 합니다. 신체적 환경관리는 건강한 몸 상태와 컨디션을 유지하는 것을 의미합니다. 식습관과 운동습관, 생활습관 등 건강에 큰 영향을 미치는 요소들을 살펴봐야 합니다. 심리적 환경관리는 스트레스를 받거나 슬럼프에 빠지지 않도록 관리하는 것을 의미합니다. 스트레스 상황을 어떻게 하면 슬기롭게 헤쳐 나올 수 있는지에 대한 자신만의 노하우가 있으면 좋습니다. 사회적 환경관리란 부모님이나 친구, 선후배 등 사람 사이의 관계를 잘 유지하는 것을 의미합니다. 공부를 하면서 이런 것까지 신경 쓰는 것이 부담될 수 있지만, 문제가 생겼을 때는 공부에 큰 영향을 주기 때문에 유의해야 합니다.

시간관리란 우리가 하는 일을 잘 관리하는 것을 의미합니다. 시간관리의 수준은 하루를 구분하는 다섯 가지 기준으로 알 수 있습니다. 가장 낮은 단계는 '잠'을 기준으로 하루를 '밤과 낮'으로 2등분하는 것입니다. 그 다음으로 '식사'를 기준으로 하루를 '오전, 오후, 저녁'으로 3등분하는 것입니다. 세 번째는 일반적으로 '1시간'을 기준으로 하루를 24시간으로 나누는 것입니다. 네 번째는 '1분'을 기준으로 하루를 1,440분으로 나누는 것입니다. 다섯 번째는 '1초'를 기준으로 하루를 8만 6,400초로 나누는 것입니다. 가능하면 하루를 좀더 잘게 쪼개어 살아간다면 시간을 효율적으로 사용할 수 있을 겁니다. 시간관리를 잘하는 방법으로 '시간계좌 전략'이 있습니다. 대학생을 기준으로 평균 주간 공부 시간(주 5일)을 조사했더니 옥스퍼드대가 52시간, 하버드대가 46시간, 서울대가 16시간이었습니다. 어떤 시험에든 합격하려는 수험생은 하루 10시간, 일주일에 50시간, 한 달에 200시간 정도의 시간을 투자해야 합니다. 이런 공부 시간을 확보하려면 1초를 1원씩 계산해서 시간계좌를 만들면 효과적입니다. 예를 들어 오늘 하루의 기준이 되는 시간계좌가 3만 6,000원(10시간, 36,000초)인데, 8시간을 공부했다면 2만 8,800원을 번 것이고, 마이너스 7,200원이 됩니다. 매일 이런 식으로 시간계좌를 기록하다보면 플러스와 마이너스가 왔다 갔다 하면서 주간 시간계좌와 월간 시간계좌의 잔고를 알 수 있습니다. 스스로 잔고의 기준을 정하고 이를 넘었을 때 적절한 보상을 준다면 공부를 재미있게 할 수 있습니다. '시간관리 매트릭스'에 대해서는 많이 들어봤을 겁니다. 하루 동안에 하는 일들의 긴급함과 중요함의 정도를 기준으로 네 가지 영역으로 나누는 것이지요. 급하지도 않고 중요하지도 않은 일은 4영역이고, 급하지만 중요하지 않은 일은 3영역이며, 급하고도 중요한 일은 1영역이고, 급하지는 않지만 중요한 일은 2영역입니다. 예를 들어 4영역은 놀거리나 즐길거리, 3영역은 갑자기 생긴 일, 2영역은 미리 준비하는 일, 1영역은 당장 내일 치르는 시험 공부 등이 해당됩니다. 시간관리가 잘 안되는 사람은 4영역 → 3영역 → 1영역 → 2영역 순서로 시간을 쓰지만, 시간관리가 잘 되는 사람은 2영역 → 1영역 → 3영역 → 4영역 순서로 시간을 씁니다. 가만히 보면 3영역과 4영역은 공부와 별로 관련이 없는 일이고, 1영역과 2영역은 공부와 관련이 큰 영역입니다. 결국 시간관리의 핵심은 공부와 관련이 큰 1영역과 2영역의 일부터 먼저 하는 것입니다. 효과적인 관리란 소중한 것인 공부를 먼저 하는 걸 의미합니다. 그리고 관리라는 말은 공부를 항상 제일 먼저 행하는 버릇을 갖는 것을 뜻합니다. 시간관리를 잘하기 위해 오늘부터 3일 정도 시간 사용 패턴을 분석해보기 바랍니다. 하루 동안에 하는 일을 수면, 공부, 업무, 휴식, 식사, 세면, 통화, 잡담, 이동 등 세부 항목으로 나누어 체크하는 겁니다. 이렇게 분석해보면 하루 평균 공부 시간과 자투리 시간이 파악됩니다. 특히 하루 평균 3시간 정도나 되는 자투리 시간을 어떻게 활용할지 고민해보기 바랍니다.

시간관리 10계명도 알아두면 좋습니다. 첫째, 모든 시간은 꿈과 목표에 포커스를 맞춥니다. 둘째, 모든 일을 공부를 기준으로 선택하고 결정합니다. 셋째, 목표는 SMART(구체적/측정 가능/실천적/현실적/마감 시간)하게 세웁니다. 넷째, 소비되는 시간보다 투자되는 시간을 늘립니다. 다섯째, 우선순위를 정해서 소중한 것부터 먼저 합니다. 여섯째, 계획을 세우는 것보다 점검과 확인이 더 중요합니다. 일곱째, 시간관리는 실천이 생명입니다. 여덟째, 실천하면서 피드백을 통해 수정해나갑니다. 아홉째, 자투리 시간을 적극적으로 활용합니다. 열째, 집중력을 높여서 효율성을 강화합니다. 시간관리 10계명을 늘 가까이 한다면 자연스럽게 시간관리의 달인이 될 수 있을 겁니다."

자기관리의 세 가지 분야인 '학습관리'와 '환경관리', '시간관리'에 관한 설명을 들으면서 최수석은 본인의 취약점이 무엇인지를 제대로 확인하게 되었다고 생각했다. 특히 시간관리가 제대로 되지 않았다는 것을 뼈저리게 느꼈다. 그래서 당장 월요일부터 3일 동안 '시간 사용 패턴'을 분석해보기로 결심했다. 보통 하루 평균 자투리 시간이 3시간 정도라는데, 자신은 어느 정도의 시간을 확보할 수 있는지 알아보는 것도 재미있을 것 같았다. 이런 생각을 잠깐 하는 사이에 왕코치는 주제를 바꾸어 '시험의 기술'에 대해 목소리를 높이고 있었다.

"시험과 관련해 간단한 'O/×' 문제를 하나 풀어볼까요? '평소에 열심히 공부하면 이에 비례해서 시험 성적이 잘 나올 것이다.' 맞으면 O, 틀리면 ×에 손을 들어주세요. O라고 생각하시는 분? ×라고 생각하시는 분? 역시 O라고 생각하는 분이 많군요. 하지만 정답은 '×'

입니다. 즉, 평소에 열심히 공부한다고 해서 시험 성적이 그에 비례하는 것은 아닙니다. 전 세계에서 치러지는 모든 시험은 '시간과 공간의 제약조건'이라는 특성이 있습니다. 쉽게 얘기하면 시험은 제한된 공간에서 제한된 시간 내에 문제를 풀어야 하는 것입니다. 그런데 이런 조건에서 치르지 않는 시험은 없습니다. 이런 특성 때문에 시험에는 '기술'이라는 것이 존재합니다. 실력도 중요하지만 시험을 보는 스킬, 요령, 노하우가 시험에 큰 영향을 미친다는 말입니다. 이제 왜 시험 기간에 공부를 별로 안 하는 것처럼 보이는 사람의 성적이 더 좋은지 이유를 알게 되셨을 겁니다. 시험을 잘 보려면 우선 시험의 4가지 비결을 알아야 합니다. 시험의 비결은 과정은 묻지 않고 결과만 평가하는 객관식, 단답형 시험에 특히 큰 영향을 미칩니다. 첫째, 제한 시간 안에 문제를 풀어야 합니다. 왜냐하면 시간이 모자라서 문제를 찍는 순간에 그 문제를 전혀 공부하지 않은 사람과 결과가 똑같아지기 때문입니다. 둘째, 완벽한 암기를 해야 합니다. 왜냐하면 암기가 완벽하지 않아서 틀리는 순간에 그 문제를 전혀 공부하지 않은 사람과 똑같은 결과가 나오기 때문입니다. 셋째, 시험 환경에 대한 적응 훈련이 중요합니다. 즉, 평소에 공부를 할 때 연습을 실전처럼 여기고 시험 환경과 비슷한 조건에서 제한 시간 내에 완벽하게 문제를 푸는 훈련을 해야 합니다. 넷째, 완벽 암기에 성공하려면 마음가짐과 암기 시간이 중요합니다. 즉, 암기하려는 마음을 먹고 암기만을 위한 시간을 가져야 합니다.

이어서 시험에 대한 철저한 분석을 해야 합니다. 공무원시험이나 자격시험은 특정 분야에서 전문지식을 배울 수 있는 충분한 기본지식과 소양을 갖추고 있는지를 평가하기 위한 것이고, 지원자에 비해서 높은 경쟁률을 감안해 학습 능력이 뛰어난 사람을 분별하기 위한 것이며, 결국 소수의 합격자를 위해 다수의 불합격자를 만들기 위한 것입니다. 모든 시험이 마찬가지겠지만 누구나 알고 있는 것은 시험에 거의 나오지 않습니다. 그리고 누구나 맞출 수 있는 문제도 출제하지 않습니다. 이는 시험이라는 것의 특성상 어쩔 수 없는 것이기도 합니다. 따라서 기출 문제를 최대한 많이 풀어보면서 문제의 유형과 패턴을 파악하는 것이 중요합니다.

시험에 대한 분석이 어느 정도 되었으면 공부를 할 때 철저하게 분석한 내용에 포커스를 맞추어야 합니다. 기본적인 내용을 숙지한 것을 바탕으로 체계적으로 정리하고 충분한 문제풀이 등의 연습을 통해서 실전 감각을 키워야 합니다. 또한 시험을 잘 보기 위해서는 학습과 관련된 자신의 특성과 습관을 파악하고 있어야 합니다. 보통 특정한 유형의 문제에 강하거나 약한 성향이 있어서 틀린 문제를 반복해서 틀리는 경우가 대부분입니다. 또 자신의 단점이 무엇인지 찾아내어 원인을 분석하고 피드백을 통해 철저히 관리하는 것이 중요합니다.

시험에 대한 정의도 알아야 합니다. 시험에 합격한 사람들의 성공 사례를 분석하다보면 특이한 점을 발견할 수 있습니다. 보통의 수험생이 알고 있는 시험에 대한 정의와 합격자들이 생각하는 시험의 정의가 다르다는 사실입니다. 합격자들이 생각하는 시험의 정의는 '범위 내에서 모르는 것을 줄여나가는 것'입니다. 보통의 수험생들은 시험 범위와 상관없이 무조건 많이 공부하면 좋은 줄 압니다. 하지만 합격자들은 시험은 배운 데서 나온다는 것을 잘 알고 있습니다. 간혹 배우지 않은 곳에서 나오는 내용은 운의 영역이라 조건이 똑같기 때문에 신경을 쓰지 않습니다. 합격자들은 시험 공부를 하면서 시험 범위를 명확하게 정합니다. 범위 내에서 아는 것을 조금씩 늘려가면서 모르는 부분을 줄여 나가는 것이죠. 모르는 부분을 점점 줄여 시험 범위와 아는 내용이 일치가 되면 만점이 되는 것입니다. 이런 시험의 정의를 바탕으로 시험 기간에 전략적으로 공부해야 합격의 꿈을 이룰 수 있습니다. 지금까지 시험의 '개론'에 대해 알아봤으니 이제 '각론'에 해당하는 부분을 하나씩 살펴볼까요?

1년 이상 준비한 시험을 잘 치르려면 'D-30 시험 전략'이 있어야 합니다. 먼저 남은 시험 기간 한 달을 5단계로 나눕니다. 시험 한 달 전, 시험 2주 전, 시험 하루 전, 시험 당일 아침, 시험보기 10분 전으로 나누면 됩니다. 시험 공부를 하다보면 정말 중요하고 시험에 나올 것 같은데 암기가 잘 되지 않는 어려운 내용이 있습니다. 그런 내용을 '시험 페이퍼'에 옮겨 적습니다. 시험 페이퍼는 오답노트나 오개념노트와 비슷한 것으로, 따로 관리가 필요한 내용을 노트나 연습장, 카드 등에 옮겨 적은 것을 말합니다. 이렇게 시험 페이퍼를 만들면서 공부를 하다가 시험 2주 전이 되면 하루나 반나절 정도 시간을 아예 비우고, 2주 동안 만들어둔 시험 페이퍼를 꺼내서 암기만을 위한 시간을 1~2회 갖습니다. 암기하고 나서 더 이상 보지 않아도 될 만큼 암기가 된 내용은 지우거나 '×'표시를 하면서 학습내용을 줄입니다. 시험 하루 전에는 다음 날 시험 볼 과목에만 집중해야 하므로 한 달 동안 만들어둔 시험 페이퍼를 꺼내서 1~2회 암기만을 위한 시간을 갖습니다. 더 이상 안 봐도 되는 내용은 지우면서 내용을 줄입니다. 시험 당일 아침에도 시험 페이퍼를 1~2회 암기하면서 내용을 줄입니다. 시험 보기 10분 전에 준비해둔 시험 페이퍼를 꺼내서 한 번 더 암기하면서 완벽 암기를 완성합니다. 시험에 합격하기 위한 '완벽 암기'는 암기한 것과 암기하지 못한 것을 구분해서, 암기하지 못한 것을 암기가 될 때까지 반복하는 것이 핵심입니다.

합격자들은 이렇게 전략적이고 체계적으로 시험 공부를 했다는 공통점이 있습니다. 결국 시험의 성패는 시험장에서 어떻게 실력을 발휘하느냐에 달려있으므로 '시험장 필살기'도 꼭 알아야 합니다. 시험장 필살기는 시험보기 전날부터 시작됩니다. 우선 잠을 6시간 이상 충분히 자야 합니다. 왜냐하면 우리가 공부한 내용은 저녁에 잘 때 뇌의 각 부분에 저장되기 때문입니다. 뇌가 잠에서 깨는 시간도 고려해야 합니다. 우리 뇌는 잠들고 난 후 9시간이 지나야 완전히 깨어납니다. 따라서 오전 9시에 시험을 본다면 전날 밤 12시 전에는 잠들어야 맑은 정신으로 시험을 볼 수 있습니다.

시험장에 도착해서는 시험 볼 좌석을 확인합니다. 이상한 곳이나 불편한 곳은 없는지 점검하고, 필요하다면 교체를 해야 합니다. 또 마음을 가라앉히고 집중력을 높이기 위해 눈을 감고 심호흡을 하면서 명상을 하면 도움이 됩니다. 시험 보기 10분 전이 되면 준비해온 시험 페이퍼를 꺼내서 암기해야 할 사항을 최종 확인합니다. 시험이 시작되고 시험지를 받으면 이름을 쓰거나 문제를 읽지 말고 조금 전에 시험 페이퍼를 보면서 암기했던 내용을 시험지의 여백에다 최대한 빠른 속도로 많이 옮겨 적습니다. 그러고 나서 수험번호와 이름을 확인하고, 처음부터 끝까지 모든 문제를 천천히 훑어봅니다. 쉬운 문제에는 'O', 보통 수준의 문제에는 '△', 어려운 문제에는 '×' 표시를 하면서 시간 배분을 하고, 문제를 풀 때는 쉬운 문제부터 풀어나갑니다. 이어서 보통 문제, 어려운 문제 순서로 풉니다. 문제는 꼼꼼히 읽어야 합니다. 문제 속에 숨어있는 '모두', '아닌', '맞는', '틀린' 등과 같은 함정 단어에는 동그라미나 브이, 밑줄 등으로 표시를 하면서 실수를 하지 않아야 합니다. 시험 시간이 끝나기 5~10분 전에는 마무리를 해야 합니다. 문제를 다시 한 번 전체적으로 훑어보면서 답을 적지 않은 문제는 없는지, 답안지에는 잘 옮겨 적었는지, 이름은 제대로 썼는지 확인합니다. 만약 풀지 못한 문제가 있다면 찍어야 하는데, 이때도 요령이 필요합니다. 시험은 선다형 번호가 고르게 분포되는 것이 일반적입니다. 따라서 답지를 살펴보고 많이 나오지 않는 번호를 고르는 것이 확률상 유리합니다. 심리학에 따르면 마지막까지 헷갈리는 문제가 있다면 처음의 답안을 그대로 유지하는 것이 좋다고 합니다.

그리고 시험을 잘 보기 위해서는 컨디션 조절이 무엇보다도 중요합니다. 평소에 정말 열심히 공부한 사람이 시험 당일 두통이나 복통, 몸살, 감기로 인해 시험을 망친 경우를 종종 보았을 겁니다. 프로 골프 선수들의 실력은 우승한 횟수로 결정되는 것이 아니라 톱Top 10에

진입한 횟수를 가지고 평가하게 됩니다. 즉, 환경이나 조건에 영향을 받지 않고 얼마나 꾸준히 상위권의 성적을 낼 수 있느냐가 진정한 프로의 실력인 것입니다. 이것은 총 상금순위와 랭킹에도 그대로 반영됩니다. 시험도 마찬가지입니다. 탄탄한 기본기, 충분한 연습과 시뮬레이션을 통해 준비를 철저히 하는 것이, 언제나 합격과 좋은 성적을 낼 수 있는 조건을 갖추는 것입니다. 언제, 어디서, 어떤 시험을 보든 좋은 성적을 기대할 수 있어야 진정한 시험의 달인이라고 할 수 있습니다. 이번 시간은 여기까지 하고 잠깐 쉬었다가 시험의 성패를 좌우하는 또 다른 요소인 '암기법'에 대해 알아보겠습니다."

최수석의 입에서는 깊은 한숨과 함께 탄식이 새어나왔다. 이제야 비로소 자신이 왜 시험에 불합격했는지를 구체적으로 알게 된 것이다. 물론 D-30 시험 전략을 어느 정도 잘 활용하고 있었지만, 시험장 필살기에서 많이 부족했음을 깨달았다. 그리고 링 위에서 무작정 도발만 하는 격투기 선수가 떠올랐다. 주어진 시간을 충분히 활용해 상대방을 탐색하지도 않은 채 덤볐다가 처참하게 쓰러져있는 선수와 시험에 떨어진 자신의 모습이 중첩되어 보인 것이다. 최수석은 다짐하고 또 다짐했다. '다음 시험에서는 시험장 필살기라는 카운터 펀치를 멋지게 날려서 꼭 복수를 해주리라.' 그때 마침 자리에 앉아달라는 왕코치의 말이 귀에 들어왔다. 화장실을 가는 것도 잊고 있던 최수석은 급히 발걸음을 옮겼다.

CHAPTER 9

암기의 비결과 집중력 향상법, 노트 정리법

"시험에 실패했다는 말은 암기에 실패했다는 말로 바꿀 수 있을 정도로 시험에서 암기는 중요합니다. 어떤 합격자는 시험을 '암기력 테스트'라고까지 말하더군요. 시험에서 암기가 그만큼 중요하다는 것이지요. 암기를 잘하려면 먼저 우리 뇌의 특성부터 알아야 합니다. 우리 뇌는 크게 좌뇌와 우뇌로 나뉘어집니다. 좌뇌는 주로 언어와 문자, 숫자 등 텍스트화된 정보를 담당하고, 우뇌는 그림과 음향, 영상 등 이미지화된 정보를 담당합니다. 좌뇌와 우뇌는 정보 처리 속도에서도 큰 차이가 납니다. 좌뇌는 초당 40비트인 반면에 우뇌는 초당

1천만 비트로 좌뇌에 비해 25만 배나 속도가 빠릅니다. 그런데 우리가 공부를 할 때 주로 사용하는 뇌는 좌뇌입니다. 조금만 공부해도 머리에서 열이 나거나 지끈거리고 아픈 이유가 바로 이런 차이 때문입니다. 좌뇌를 좀 더 효과적으로 활용하고, 놀고 있는 우뇌를 적극적으로 사용해야 학습 효율을 높일 수 있습니다. 즉, 암기에도 전략이 필요합니다.

그리고 기억의 열 가지 비결을 아는 것도 중요합니다. 첫째, 기억을 잘하려면 다섯 번 이상의 주기적인 반복이 필요합니다. 둘째, 배운 직후 1시간 이내와 잠들기 전 30분 이내의 황금 시간대를 잘 활용해야 합니다. 셋째, 기억을 잘 끄집어내려면 기억할 때 잘 집어넣어야 합니다. 넷째, 시각과 청각, 촉각 등 오감을 활용하는 것이 좋습니다. 다섯째, 학습내용을 이미지화시켜 우뇌에 저장하는 '마인드맵'을 적극적으로 활용해야 합니다. 여섯째, 암기의 효과를 높이는 학습도구를 적절히 활용합니다. 일곱째, 기억이 잘 되게끔 뇌가 중요한 내용으로 인식할 수 있게 합니다. 여덟째, 기억률을 높이기 위해 가능하면 이해하고 암기합니다. 아홉째, 뇌는 이성보다는 감성에 더 큰 영향을 받으므로 감정 조절을 잘해야 합니다. 열째, 억지로 외우기보다는 우리 뇌가 좋아하는 스토리를 적극적으로 활용합니다.

그럼 결합법과 변환법, 약어법, 약문법, 운율법 등 기초 암기법부터 살펴볼까요? **결합법은 기억해야 할 사항을 결합하여 하나로 만드는 것입니다.** 예를 들면 컴퓨터와 관련해 기억할 것이 있다면 동생을 결합시켜 하나의 이야기처럼 만들고, '동생'하면 '컴퓨터'를 떠올리도록 만드는 식이죠. **변환법은 기억해야 할 사항을 기억하기 쉽게 다른 것으로 변환시키는 방법**입니다. '대법원판결'이라는 글자를 '대판'으로 축약하거나, '모네'라는 글자의 순서를 '네모'로 바꾸거나, ruler(룰러/지배자)를 '지배자는 눌러'로 바꾸는 것이 대표적인 예입니다. **약어법은 앞글자를 따서 외우는 방법**입니다. 여러분도 잘 알다시피 조선시대 왕의 이름을 외울 때 '태정태세문단세'라고 한 번씩 읊어봤을 겁니다. 또 태양계 행성 순서를 외울 때 '수금지화목토천해'라고도 해봤겠죠. **약문법은 문장으로 바꿔서 외우는 방법**입니다. 암석의 종류를 외울 때의 '활석(활석, 석고) 많은 방형(방해석, 형석)이가 인정(인회석, 정장석) 없는 석황(석영, 황옥)이를 강금(강옥, 금강석)했다' 라도 외우면 쉽겠죠? **운율법은 노래로 외우는 방법**입니다. 입춘, 우수, 경칩, 춘분, 청명, 곡우 등 24절기를 구슬비 노래(송알송알 사리잎에 은구슬)에 맞춰 부르는 식이죠.

그런가 하면 좌뇌의 암기력 향상을 위해서는 **논리적으로 학습내용을 조직화하는 것**이 효과적입니다. 대표적으로 비슷한 것끼리 묶는 방법인 '덩이짓기(청크)'가 있습니다. 예를 들어 링컨, 책상, 상추, 반지, 간디, 된장, 냉장고, 신발, 나폴레옹, 홍차, 아인슈타인, 감자 등의 단어를 외운다고 했을 때 순서대로 외우면 암기가 어렵습니다. 이럴 때는 인물(링컨, 간디, 나폴레옹, 아인슈타인), 물건(책상, 반지, 냉장고, 신발), 식품(상추, 된장, 홍차, 감자) 등으로 묶는 것이 효과적입니다. 알루미늄, 구리, 은, 사파이어, 금, 에메랄드, 백금, 화강암, 루비, 대리석, 아연, 석회석 등의 광물을 외울 때도 귀금속(백금, 은, 금), 금속(알루미

늄, 구리, 아연), 보석(사파이어, 에메랄드, 루비), 석재(화강암, 대리석, 석회석) 등으로 묶으면 좋습니다. 일반적인 시험 문제의 형태가 '다음 중 ○○에 속하는 것이 아닌 것은?'이므로 덩이짓기를 잘하면 성적 향상에도 도움이 됩니다.

우뇌의 암기력 향상을 위해서는 **이미지와 스토리로 학습내용을 조직화하는 것**이 효과적입니다. 이미지와 스토리를 활용해 영상처럼 만들어보세요. 예를 들어 풍선, 돼지, 동전, 우산, 어린이, 아이스크림, 바다, TV, 호랑이, 참새, 무지개, 스키, 나무젓가락, 우물, 별 등의 단어를 외운다고 했을 때 순서대로 암기하면 일곱 개를 넘기기가 어렵습니다. 이럴 때는 이미지를 떠올리면서 스토리로 연결하면 됩니다. '하늘 위에 풍선이 하나 떠있는데, 돼지가 매달려있습니다. 돼지 콧구멍을 봤더니 동전이 끼워져있습니다. 동전에는 우산을 들고 아이스크림을 먹고 있는 어린이 모습이 새겨져있습니다. 아이스크림 포장지에는 바다가 그려져있습니다. 바다는 TV 모니터 속의 모습이었습니다. 모니터 위에 호랑이가 한 마리 앉아서 무지개 위에 있는 참새를 노려보고 있습니다. 그런데 갑자기 한 사람이 무지개에서 나무젓가락 스키를 타고 내려오다가 우물에 빠집니다. 우물에서 하늘을 쳐다보니 별이 보입니다.' 이렇게 암기하면 어려운 내용이 아름다운 영화처럼 기억될 겁니다.

그런가 하면 방송을 통해 소개된 암기의 달인들을 따라해보는 것도 추천합니다. KBS 드라마 〈넝쿨째 굴러온 당신〉에는 공부한 만큼 성적이 나오지 않아 고민 중이던 방장군이라는 학생이 등장합니다.

우연히 드라마에 캐스팅되어 급하게 대본을 외워야 하는 상황에 처했다가 스스로 대본 암기에 재능이 있다는 사실을 발견하죠. 그러고는 옆집에 사는 대학생 형의 도움을 받아 사회 과목 시험 범위의 내용을 모두 드라마 대본처럼 만들어서 외웠더니 갑자기 성적이 크게 올랐다는 에피소드입니다. 또 EBS 〈공부의 왕도〉에는 암기송의 달인 신요섭이라는 학생이 출연했었죠. 그 학생도 마찬가지로 암기가 어려운 과학이나 사회 과목의 내용을 노래로 만들어서 외운 덕분에 고등학교를 수석 졸업하고 원광대 의예과를 우수한 성적으로 입학할 수 있었습니다. KBS 다큐멘터리에는 기억력 챔피언을 가리는 '마인드 올림피아드' 대회에서 여러 번 우승한 도미닉 오브라이언이 소개되었습니다. 그는 무작위로 섞인 54장의 카드 1벌을 순서대로 외우는 시합에서 카드의 숫자와 그림을 특정 단어와 결합시키고 이야기를 만들어 외워서 우승을 차지했습니다. 여기서 중요한 것은 암기의 달인들도 머리가 좋은 게 아니라 그들이 사용한 암기법이 좋았다는 것입니다."

한편 최수석은 서점에 들렀다가 학습법 코너에서 암기력과 관련된 책을 발견하고는 호기심에 훑어봤던 기억을 떠올렸다. 당시에는 공감이 잘 되지 않아서 자신과는 별로 상관없는 방법이라고 생각했었던 것이다. 그런데 왕코치의 강의를 듣다보니 암기법의 중요성이 새삼 크게 느껴지기 시작했다. 특히 좌뇌보다는 우뇌를 활용하고, 이미지와 스토리로 기억하는 것이 효과적이라는 말에 공감이 갔다. 게다가 평소에 공부를 하다가 어려운 내용이 나오면 깜지(흰 종이에 동일한 단어를 빽빽하게 쓰는 것)나 중얼거리기로 대처하는 정도로 그치곤 했는데, 앞으로는 암기의 달인들처럼 시나리오나 노래, 영상으로 만들어서 외우면 좋겠다는 다짐을 하게 된 것이다. 그리고 최수석의 호기심을 자극하는 왕코치의 강의는 계속 이어졌다.

"공부할 때 중요한 것 중에 빼놓을 수 없는 것이 바로 집중력입니다. '집중력'이란 몸과 마음의 에너지를 한곳으로 모으는 것을 의미합니다. 어떻게 하면 공부를 할 때 집중의 수준을 넘어 몰입의 경지에까지 다다를 수 있을까요? 구체적인 비결을 하나씩 살펴보겠습니다.

우선 집중력 향상을 위해 자신만의 특별한 의식을 만들어야 합니다. 단전호흡이나 심호흡을 통해 마음을 가라앉혀도 좋고, 명상음악이나 클래식음악을 들어도 좋습니다. 가족이나 친구, 이성과의 전화통화나 문자메시지도 좋고, 가벼운 체조나 스트레칭, 요가동작도 좋습니다. 집중력 향상 보조기구도 좋고, 눈을 부릅뜨고 혓바닥을 입천장에 갖다 붙여도 좋습니다. 따뜻한 물로 샤워를 해도 좋고, 차가운 물에 발을 담가도 좋습니다. 어느 방법이든 한 번이라도 실천해보고 자신에게 가장 잘 맞는 방법을 찾아서 꾸준히 실천하여 습관으로 만드는 것이 중요합니다. 스포츠 선수들이 시합 전에 "파이팅!"을 외치듯이 공부를 하기 전에 자신만의 의식을 갖는다면 집중에 도움이 될 겁니다.

그리고 가장 좋은 방법은 특별한 의식 없이도 공부에 몰입할 수 있게 되는 것입니다. 앞서 환경관리에서도 잠깐 다루었지만 집중을 위해서는 시각적·청각적·물리적·심리적 방해 요인을 제거해야 합니다. 집중력에 방해가 되는 시각적(연예인 사진, 포스터, 낙서 등), 청각적(TV나 음악, 대화 소리 등), 물리적(불편한 책상과 의자, 벽지, 조명 등), 심리적(친구 문제, 이성 문제 등) 요인이 무엇인지 생각해보고, 공부를 시작하기 전에 이에 대해 나름대로 정리를 해보는 것입니다. 그런데 네 가지 방해 요인이 집약된 물건이 바로 '스마트폰'입니다. 공부의 적이라고도 할 수 있죠. 따라서 공부에 집중하려면 공부 중에는 스마트폰을 따로 보관해 두는 것이 제일 좋습니다. 적어도 꺼두거나 비행기모드, 그것도 아니라면 무음으로는 해두어야 합니다. 만약 심리적 요인으로 인해 고민이 생겼을 때는 친구나 선배 같은 또래보다는 전문가의 도움을 받으시고요. 가장 중요한 것은 방해 요인을 제거하려는 인내력입니다.

그럼 집중력 향상을 위한 구체적인 방법 다섯 가지를 알아보겠습니다. **첫째, '만점 자세'**를 활용해보세요. 만점 자세는 책상에 앉은 상태에서 허리와 엉덩이를 의자의 등받이 쪽으로 바짝 붙여서 상체를 바로 세운 다음에 눈을 감고 호흡을 조절하는 것입니다. 3초간 코로 숨을 깊게 들이마시고, 2초간 멈추었다가 15초 동안 입으로 천천히 길게 숨을 내뱉습니다. 3초 들숨, 2초 멈춤, 15초 날숨을 한 세트로 해서 2분 동안 6세트를 하면 됩니다. 일반적으로 격한 운동을 하고서 숨이 찰 때처럼 호흡이 가쁜 상태에서는 집중을 하기 어렵습니다. 반대로 잠을 잘 때나 편하게 쉴 때처럼 호흡이 가라앉은 상태에서는 집중을 하기 쉽죠. 예전에 공부하는 선비들이 명상과 단전호흡을 활용 했던 것도 호흡을 안정시킨 후에 공부를 하면 집중력을 높일 수 있다 는 것을 알았기 때문입니다. 기억하세요. 공부를 하기 위해 책상에 앉 을 때마다 만점 자세를 취한다면 처음부터 집중모드에 들어갈 수 있 습니다.

둘째, '한 점 응시'를 활용해보세요. '한 점 응시'는 흰 종이의 여백 에 점을 하나 찍은 후 집중해서 바라보는 방법입니다. 노트나 연습 장, 메모지를 준비해서 가운데에 검은색 점을 하나 찍으세요. 이때 너 무 크게 그리지 말고 눈에 보일 정도로만 작게 그려도 됩니다. 그리 고 30초 동안 그 점만 뚫어지게 바라보는 것입니다. 이렇게 30초 동 안 한 점을 바라보는 것만으로도 순간적인 집중력을 향상시킬 수 있 습니다. 점을 찍을 때는 빨간색이나 파란색, 노란색 등 원색보다는 검 은색이 좋습니다. 왜냐하면 우리가 보는 책의 글자들이 대부분 검은 색이라서 눈에 익숙해지기 위해서죠. 공부를 하기 전에 '한 점 응시' 를 하면 검은색 글자들이 눈에 확 들어오는 느낌이 들 겁니다.

셋째, '특정 글자 찾기'를 활용해보세요. 공부를 하기 전에 기본서 를 펴고, '은, 는, 을, 를, 고, 나, 다' 등 아무 글자나 하나를 정합니다. 그리고 스스로 제한 시간을 정해놓고 몇 개의 글자를 찾을 수 있는지 테스트를 하는 겁니다. 이렇게 특정 글자 찾기는 집중력 향상과 함께 예습의 효과도 있고, 무엇보다 게임처럼 재미있게 즐길 수 있다는 장 점이 있습니다. '특정 글자 찾기'를 하면 게임력을 집중력으로 바꿀 수 있게 될 겁니다.

넷째, 끊어서 공부하는 '분산 학습'을 활용해보세요. 공부를 할 때 1시간 이상 책상에 앉아서 계속 공부를 하는 것이 좋다고 생각하지만 보통 사람의 집중력 유지 시간은 평균 15~20분 정도입니다. 즉, 20분마다 잡념 등으로 집중력이 떨어지는 게 정상이라는 것이죠. 계속 집중을 잘하는 사람들은 집중력이 떨어졌을 때 다시 공부하는 책으로 잘 돌아옵니다. 그런데 집중이 안되는 사람들은 상상의 나래를 펼치면서 드라마나 영화를 찍는 경우가 많습니다. 1시간 이상 집중을 잘할 수 있다면 적극적으로 활용하고, 집중력이 자주 떨어진다면 억지로 이어서 하려고 하지 말고 잠깐씩 쉬면서 하는 것도 좋습니다. 분산 학습은 선두와 최신 효과, 휴식과 상기 효과를 통해 집중력뿐만 아니라 이해력과 기억력도 높일 수 있으므로 오랜 시간 집중하는 것과 비슷합니다. 집중력 유지 시간이 짧은 것을 부정적으로 볼 게 아니라 다시 집중하기 위한 재충전의 시간으로 보는 것이 좋습니다.

다섯째, '스톱워치 학습법'을 활용해보세요. 스톱워치 학습법이란 스톱워치로 제한 시간 내에 과제를 해결하는 환경을 만들어서 집중력을 높이는 방법을 말합니다. 《가난하다고 꿈조차 가난할 수는 없다》를 쓴 김현근 학생과 EBS〈공부의 왕도〉에 소개되었던 문혜진 학생도 이 방법으로 공부를 했었죠. 스톱워치를 활용하면 집중력도 향상되고 학습량도 증가하며, 무엇보다도 시험 환경 적응 훈련을 할 수 있어서 시험 결과에 큰 영향을 미칩니다. 문제를 풀 때뿐만 아니라 책을 볼 때도 스톱워치를 활용한다면 집중력이 쑥쑥 향상될 겁니다.

물론 지금까지 얘기한 다섯 가지 방법들을 활용해서 집중력을 높여 공부를 하더라도 잡념이 자꾸 떠오를 겁니다. 다시 한 번 말하지만, 잡념이 떠오르지 않는 사람은 없습니다. 다만 집중을 하기 위해 잡념을 관리하고 통제하는 사람과 그렇지 못한 사람 사이에 차이가 있을 뿐입니다. 잠깐 다른 예를 들어볼까요? 세계적인 색소폰 연주자 케니지는 몇 분 이상 쉬지 않고 연속으로 소리를 내는 독특한 연주법으로 유명했습니다. 그의 비결은 소리를 내면서 코로 계속 숨을 쉬는 방법을 터득했던 것이죠. 한 번의 호흡의 길이가 긴 것이 아니라 호흡을 이어가는 노하우를 알고 있었던 겁니다. 집중력도 마찬가지입니다. 잡념이 떠오를 때마다 다시 공부로 돌아오는 방법을 터득하면 누구나 집중하는 시간을 길게 만들 수 있습니다. 집중력은 더 짧은 시간에, 더 적은 노력으로, 더 많은 성과를 거두는 비결입니다. 집중력의 놀라운 힘을 느끼고 깨달아서 행한다면 공부뿐만 아니라 모든 일에서 자신도 깜짝 놀랄 만한 일을 해낼 수 있을 거라 믿습니다. 여러분. 믿습니까?"

최수석을 포함해 몇몇 학생들은 왕코치의 말에 자신도 모르게 "믿습니다!"라고 소리치고 말았다. 채 3시간도 되지 않은 사이에 정말 많은 것들을 익히게 된 것에 스스로도 놀라고 만 것이다. 교육장에 있는 다른 사람들도 마치 부흥회에 참석한 신도들처럼 얼굴에 홍조를 띠면서 살짝 흥분한 것처럼 보였다. 왕코치의 흡인력 있는 강의에 빠져들면서 저절로 뜨겁게 달아올랐던 것이다. 어떤 절대자의 아우라 같은 것을 느꼈던 것이다. 최수석은 이런 반응이 그리 나쁘게 느껴지지만은 않았다. 조금씩 학습법의 매력에 빠져들고 있었기 때문이다. 초롱초롱한 토끼눈으로 왕코치를 바라봤더니 심지어 왕코치의 머리 뒤에서 후광이 보이는 것 같았다. 왕코치는 자신을 바라보는 수많은 눈들을 응시하며 '정리의 기술'에 대해 강의를 이어갔다.

"'적자생존適者生存'이라는 말을 들어보셨나요? '환경에 적응하는 생물만 살아남고, 그렇지 못한 것은 도태되어 멸망하는 현상'을 의미하죠. 그런데 이 말에 또 다른 의미가 있습니다. 바로 '적는 자만이 살아남을 수 있다'는 겁니다. 노트 필기가 그만큼 중요하다는 말입니다. 요즘 사람들은 TV와 컴퓨터, 게임, 영화, 스마트폰 등 각종 멀티미디어 기기들에 길들여져서 문자로 된 책을 보는 것과 그것을 손으로 옮기는 노트 필기를 멀리하고 귀찮아합니다. 하지만 공부에 있어서 노트는 가장 중요한 학습도구입니다. 공부한 내용을 효과적으로 정리하는 데 노트가 가장 도움이 되기 때문이죠. '필기 자체가 가장 효과적인 학습법 중에 하나다'라는 말도 있듯이 공부할 때 노트 필기를 하면 학습 효과를 크게 높일 수 있습니다. 그러면 어떻게 하면 필기를 잘할 수 있는지 구체적인 방법을 살펴보겠습니다.

우선 노트 정리의 장점을 알아야 합니다. 첫째, 발을 제2의 심장이라고 하고 손을 제2의 뇌라고 하듯이 손을 써서 필기를 하면 우리 뇌의 보조기억장치를 활용할 수 있습니다. 둘째, 강의 시간에 배운 내용을 공간적 개념으로 받아들여서 체계적으로 정리할 수 있습니다. 셋째, 학습노트에는 공부해온 과정이 모두 기록되어있기 때문에 이해하지 못한 것과 부족한 부분에 초점을 맞춰서 복습할 수 있습니다. 넷째, 강의 시간에 필기를 하면 강사님이 설명하는 주요 개념을 쉽게 파악할 수 있고 집중해서 수업을 들을 수 있습니다. 다섯째, 학습노트는 강의의 핵심내용과 주요 포인트, 기본서 외의 내용까지 모두 포함하고 있어서 완벽한 시험 대비를 위한 최고의 학습도구입니다.

'기록, 이해, 요약, 암기, 정리' 등 노트 정리의 핵심키워드도 알아야 합니다. 첫째, 기록을 할 때는 가능한 많은 의미 있는 사실과 내용을 담아야 하고, 자신이 평소에 자주 쓰는 언어를 사용하는 것이 좋습니다. 둘째, 이해를 잘하기 위해서는 수업내용을 자신이 이미 알고 있는 것과 빠르게 연결시켜야 하고, 이해한 것과 이해하지 못한 것을 따로 정리해야 합니다. 셋째, 요약은 의미와 관계를 명백하게 하고, 연속성을 보강하며, 기억을 강화하고, 수업내용을 체계적으로 정리하는 효과가 있으므로 핵심어를 중심으로 하는 것이 좋습니다. 넷째, 에빙하우스의 망각 곡선 이론에 따르면 수업 직후에 망각이 가장 많이 일어나므로 쉬는 시간 5분을 활용해 노트에 정리한 내용을 암기하는 것이 좋습니다. 다섯째, 정리를 할 때는 좌뇌가 좋아하는 텍스트와 우뇌가 좋아하는 이미지를 결합해서 좌우뇌를 동시에 활용하는 것이 효과적입니다.

노트 정리를 잘하기 위해서도 '구분'을 하는 것이 중요합니다. 노트 정리를 잘했다는 것은 조직화·체계화가 잘 되었다는 말이고, 핵심은 결국 '구분'을 잘 지었다는 것입니다. 따라서 자신이 기록해야 할 것과 하지 않아도 될 것, 이해한 것과 이해하지 못한 것, 요약할 것과 요약하지 않아도 될 것, 암기한 것과 암기하지 못한 것, 정리해야 할 것과 정리하지 않아도 될 것 등을 끊임없이 '구분'하는 작업이 필요합니다. 그리고 '구분'을 잘하면 완벽한 이해와 암기를 위한 '반복'을 효과적으로 할 수 있습니다.

　대표적인 노트 정리 방법이 두 가지 있습니다. 좌뇌가 좋아하는 텍스트 중심의 '완전학습노트'와 우뇌가 좋아하는 이미지 중심의 '마인드맵노트'입니다. 사람들 중에는 일반적인 노트에도 강의내용을 '구분'을 잘해서 필기하는 사람이 있는 반면에, 자신이 필기한 노트를 보고도 무슨 내용인지 모르는 사람도 있습니다. 만약 자신이 '구분'을 잘 하지 못하는 사람이라면 노트의 공간에 선을 그어서 '구분'을 명확히 하는 것이 좋습니다. 한편 완전학습노트는 완전 학습 이론을 바탕으로 효과적인 '구분'과 '반복'을 통해 완벽한 이해와 암기에 성공할 수 있게 도와주는 학습도구입니다. 또한 좌뇌를 활용해 학습내용을 체계적으로 조직화시키는 방법이기도 합니다. 완전학습노트는 총 3단계로 구성되며 학습 능력과 수준에 따라 단계별로 접근하면 됩니다. 1단계는 세로로 한 개의 선을 그어서 공간을 두 개로 나누고 왼쪽에는 수업내용을 적고 오른쪽에는 수업 중에 떠오르는 생각(아이디어, 의문점, 추가사항 등)을 메모합니다. 1단계가 익숙해지면 가로로 한 개의 선을 더 그어서 2단계로 넘어갑니다. 공간을 세 개로 나누고 왼쪽에는 수업내용, 오른쪽에는 떠오르는 생각, 아래쪽에도 수업내용을 요약합니다. 2단계도 익숙해지면 공간을 네 개로 나누고 3단계로 넘어갑니다. 왼쪽 위에 수업내용, 오른쪽 위에 아이디어, 왼쪽 아래에

요약, 오른쪽 아래에 핵심키워드를 적습니다. 이런 식으로 공간을 나누어서 노트 필기를 하다보면 자연스럽게 중요한 것과 중요하지 않은 것을 '구분'할 수 있게 될 겁니다. 그때부터는 계속 이런 방식으로 노트 필기를 해도 되고 예전처럼 공간을 나누지 않고 노트 필기를 해도 괜찮습니다. 완전학습노트로 '구분'에 성공하면 완벽한 이해와 암기는 저절로 될 겁니다.

텍스트 형식의 필기내용을 이미지화시키는 대표적인 방법으로는 토니 부잔이 개발한 마인드맵이 있습니다. 노트 정리의 한 방법으로서 뇌가 정보를 정리하는 방식에 착안하여 개발한 것이죠. 마인드맵은 개념과 내용을 조직화하는 좌뇌와, 이미지화시키는 우뇌를 동시에 사용함으로써 21세기 인재상의 가장 중요한 요소인 창의성과 방사형(발산적) 사고력을 증진시켜주고 논리력도 향상시켜줍니다. 좀더 자세하게 마인드맵을 알아봅시다. 우선 종이의 한가운데에 핵심주제를 놓고 주 가지, 세부 가지를 뻗어 방사형으로 학습내용을 확장하면서 필기하는 방식입니다. 먼저 가지를 잘 펼치기 위해 종이를 가로로 놓고 가운데에 핵심주제(중심이미지)를 적습니다. 핵심주제에서 주 가지(주제)를 굵게 그리고 가지 위에 주제를 함축하는 핵심단어를 쓰거나 이미지를 그립니다. 주 가지에서 부 가지(부제)를 그리고 가지 위에 부제를 함축하는 핵심단어를 쓰거나 이미지를 그립니다. 부 가지에서 세부 가지를 그리고 가지 위에 세부내용을 담은 핵심어를 쓰거나 이미지를 그립니다. 이런 식으로 더 자세한 하위 세부 가지를 그려나가면 됩니다. 같은 가지에서 뻗어나온 것들은 같은 색상으로 적고, 문자를 표현할 때는 문장형식보다 단어나 구 등으로 표현하며, 연결지점이 떨어지지 않게 그리는 것이 좋습니다. 단원별로 만든 마인드맵을 모아서 메가 마인드맵으로 완성하면 학습내용 전체가 머릿속에 쉽게 정리될 겁니다.

기본서의 개념을 정리할 때는 마인드맵과 비슷한 '개념지도'를 활용해보세요. 개념지도를 만드는 순서로는, 먼저 개념도에 그려 넣을 핵심개념들을 찾아냅니다. 그리고 둘째로 개념들의 상대적인 중요성과 관계를 파악합니다. 셋째로 개념을 타원형으로 표시하면서 개념도를 그립니다. 넷째로 개념을 연결시키는 선(연결선)을 그립니다. 다섯째로 그 관계들을 기술하는 과정(관계어)을 기입합니다. 여섯째로 수정하고 또 수정합니다. 개념지도를 그리면서 불필요한 내용을 줄이기도 하고, 필요한 내용을 추가하기도 하며, 표나 그림을 덧붙일 수도 있습니다. 소단원이나 중단원의 개념지도를 모아서 대단원이나 과목 전체의 개념지도를 만들 수도 있습니다. 이런 과정을 통해 전체 개념을 한눈에 파악할 수 있습니다.

이 같은 노트를 포함해 어떤 학습도구든 제대로 활용해서 효과를 보려면 크게 두 가지가 필요합니다. 첫째는 '동기부여'입니다. 노트를 예로 들어보죠. '노트 정리를 왜 해야 할까요?', '노트 정리를 하면 나에게 어떤 이익이 있나요?', '노트 정리로 성적 향상이나 목표 달성에 성공한 사례가 있나요?' 등의 질문에 나름의 답변을 할 수 있어야 노트 정리를 하고 싶은 마음이 생겨서 '동기부여'가 됩니다. 둘째는 '구체적인 방법'입니다. 노트 정리에 대한 동기부여가 되었더라도 실제로 공부를 하면서 노트 정리를 하려고 했을 때 활용할 수 있는 구체적인 방법을 모르면 기껏 부풀어 오른 의욕을 사라지게 만들 수 있습니다. 구체적인 방법을 활용하려면 세 가지를 종합적으로 알아야 합니다. '어떤 이론과 원리를 바탕으로 하고 있나요?', '단계별 프로세스와 세부 과정은 무엇인가요?', '나에게 맞게 응용하려면 어떻게 해야 할까요?' 등의 질문에 답을 할 수 있어야 자신만의 맞춤식 노트 정리법을 찾을 수 있습니다. 모쪼록 모든 수험생들이 자신의 이름이 들어간 '○○○ 노트 정리법'을 완성해 재미있고 즐겁게 공부하면서 시험 합격의 꿈을 이루길 바랍니다. 벌써 점심시간을 넘겼네요. 배가 많이 고프실 테니 오전 강의는 여기까지 하고, 점심을 먹고 나서 실습 중심으로 교육을 이어가겠습니다. 교육장 옆에 있는 한식 뷔페에서 식사 맛있게 하시고 1시간 뒤에 다시 뵙겠습니다."

최수석은 교육생들과 함께 식당으로 이동했다. 강의 중에는 왕코치의 말에 집중하느라 옆자리에 앉은 사람들에게 신경을 거의 쓰지 못했는데, 점심시간이 되자 서로 인사를 나누면서 몇 마디 얘기를 나눌 수도 있었다. 다들 강의내용이 만족스러운 눈치였다. 오전에 들었던 이론 강의도 좋았지만 오후에 이어질 실습에 대한 기대감도 커 보였다. 어떤 수험생은 실습을 들으러 부산에서 새벽기차를 타고 올라왔다고 했다. 그러자 또 다른 수험생이 자신은 제주에서 새벽비행기를 타고 올라왔다면서 너스레를 떨었다. 참석한 사람들의 면면을 알게 되자 최수석은 오늘 워크숍에 참여한 것이 무척이나 큰 행운임을 깨달았다. 오후 강의 시작을 알리는 소리에 정신을 차려보니 어느덧 1시간이 훌쩍 지나가있었다.

CHAPTER 10
스스로 놀라는 실전 카드 학습법

"점심 맛있게 드셨나요? 오후에는 공부할 때 바로 적용이 가능한 방법들을 실습을 통해 배워보도록 하겠습니다. 식사 후에 그분(?)이 오실 수도 있기 때문에 미리 예방하는 차원에서 오전에 배웠던 '3분 합격 체조'를 함께해볼까요? 먼저 도리도리 두 번 하시고요. 10초 동안 곤지곤지 시작! 다시 10초 동안 잼잼 시작! 손끝박수 30회 시작! 손가락 깍지 꼈다 펴기를 세 번 하시고요. 이어서 손가락 스트레칭 들어갑니다. 끝으로 양손을 털어주세요. 참 쉽죠잉~!

자, 그럼 본격적으로 시작해봅시다. 학습법 중에 가장 쉽고 간단하면서도 효과가 큰 방법은 '스스로 놀라는 실전 카드 학습법'입니다. 앞서 얘기했던 암기법들의 효과를 배로 높여주는 놀라운 방법이니 지금부터 잘 들어주세요. 암기력 향상을 위한 특별한 학습도구인 '암기 카드'를 활용하는 겁니다. 암기 카드는 보통 영어단어를 암기할 때 많이 활용하죠. 하지만, 무작정 쓰기만 한다고 해서 효과를 보는 것은 아닙니다. 기억과 학습의 원리에 따른 방법을 알고 활용해야 좋은 결과를 얻을 수 있습니다. 카드 학습법에서도 마찬가지로 암기의 핵심 키워드인 '구분과 반복'이 중요합니다. '구분'은 카드를 만들 때 적용되며, 완전 학습의 완벽 암기 이론에 따라 암기한 것과 암기하지 못한 것을 구분해야 합니다.

영어단어를 외울 때를 생각해보죠. 한 개의 외울 대상을 정한 후 카드 앞면에는 단어, 뒷면에는 뜻을 적는 겁니다. '반복'은 카드를 외울 때 적용됩니다. 방법으로는 고리식·지갑식·박승아식·라이트너식 등 다양한 방법이 있습니다. 핵심은 암기가 되지 않는 것 중심으로 주기적으로 5회 이상 반복하는 것입니다.

그럼 구체적인 사례를 통해 카드 학습법을 살펴볼까요? 우선 대부분의 사람들이 암기 카드를 외우는 방식부터 살펴보겠습니다. 하루에 10개의 단어를 외운다고 했을 때 이렇게 외우시는 분들이 있으실 겁니다. 1일 10개, 2일 10개, 3일 10개, 4일 10개, 5일 10개, 6일 10개, 7일 10개 … 이런 식으로 한 달 동안 외우게 되면 총 300개의 단어를 암기할 수 있습니다. 한 달째 되는 날 시험을 보면 몇 개나 기억이 날까요? 보통 100개에서 150개 정도 기억이 난다고 합니다. 이 정도 기억나는 것은 당연합니다. 에빙하우스의 망각 곡선 이론에 따르면 매일 외우는 10개의 단어 중에서 기억이 잘되는 한두 개의 단어와 시험을 보는 날에 이르러 외운 단어들을 합쳐서 100~150개 정도가 되기 때문입니다. 그런데 300개를 외웠는데 150개 정도가 기억난다면 50퍼센트의 효과밖에 없는 것입니다. 상당히 비효율적이지 않습니까? 그런데도 99퍼센트 이상의 사람들이 이런 방식으로 카드를 외웁니다. 그렇다면 어떻게 외워야 할까요?

잘 기억해두세요. 누적 복습 시스템이 적용된 방식으로 외워야 합니다. **첫 번째, 고리식은 학습량을 기준으로 활용하는 방법**입니다. 예를 들면 다음과 같습니다. 1일차에는 1~10번까지 10개의 단어를 눈으로 보고 소리를 내면서 첫 번째로 외웁니다(총 10개). 2일차에는 1~10번까지의 단어를 두 번째로 암기하고 11~20번까지 첫 번째로 외웁니다. 이때 중요한 것은 1~10번까지의 단어는 암기하고 있는지 확인하는 데 초점을 맞추어야 합니다. 그래야 비슷한 시간에 새로운 단어를 외울 수 있는 시간을 확보할 수 있습니다. 만약 기억이 안 나는 단어가 있다면 1일차와 같은 방법으로 다시 외웁니다(총 20개). 3일차에는 1~10번까지 세 번째 암기하고, 11~20번까지 두 번째 암기하고, 21~30번까지 첫 번째 외웁니다(총 30개). 4일차에는 1~10번까지 네 번째 암기하고, 11~20번까지 세 번째 암기하고, 21~30번까지 두 번째 암기하고, 31~40번까지 첫 번째 외웁니다(총 40개). 5일차에는 1~10번까지 다섯 번째 암기하고, 11~20번까지 네 번째 암기하고, 21~30번까지 세 번째 암기하고, 31~40번까지 두 번째 암기하고,

41~50번까지 첫 번째 외웁니다(총 50개).

5일차까지 이런 식으로 외우다가 6일차부터 변화를 줍니다. 6일차가 되면 1~10번까지는 5회 누적 복습으로 완벽 암기가 되었다는 전제하에 단어 카드 고리에서 분리하여 따로 보관해둡니다. 그리고 지금까지와 같은 방법으로 11~20번까지 다섯 번째 암기하고, 21~30번까지 네 번째 암기하고, 31~40번까지 세 번째 암기하고, 41~50번까지 두 번째 암기하고, 51~60번까지 첫 번째로 외웁니다(총 50개). 7일차에는 11~20번까지는 5회 누적 복습으로 완벽 암기가 되었다는 전제하에 단어 카드 고리에서 분리하여 따로 보관해둡니다. 그리고 지금까지와 같은 방법으로 21~30번까지 다섯 번째 암기하고, 31~40번까지 네 번째 암기하고, 41~50번까지 세 번째 암기하고, 51~60번까지 두 번째 암기하고, 61~70번까지 첫 번째로 외웁니다(총 50개). 8일차 이후에는 같은 방법으로 계속 누적 복습을 해나가면 완벽 암기를 하면서 단어를 외울 수가 있습니다.

이때 암기 횟수를 알기 쉽게 단어장의 여백에다 날짜별로 기록해두는 것이 좋습니다. 예를 들면 1~10번(2017/9/1), 1번~20번(2017/9/2), 1번~30번(2017/9/3), 1번~40번(2017/9/4), 1번~50번(2017/9/5), 11번~60번(2017/9/6), 21번~70번(2017/9/7) ⋯ 이러한 방식이 효과적인 이유는 5회 누적 복습을 통해 완벽하게 암기가 된 상태에서 새로운 단어를 외우는 진도가 나간다는 것입니다.

여기에서 두 가지 의문이 생길 겁니다. 하루에 10개의 단어를 기준으로 했을 때 고리식 누적 복습 시스템의 경우 총 50개의 단어를 외우게 됩니다. 그렇다면 시간과 노력도 다섯 배가 들어갈까요? 아닙니다. 에빙하우스의 망각 곡선 이론에 따르면 같은 내용을 반복했을 때 반복할 때마다 시간과 학습량이 줄어든다고 합니다. 실제로 암기를 해보면 두 번째 이상 외우는 단어는 암기를 했는지 못했는지 2초 이내에 확인만 하면 되기 때문에 1~2분이면 끝납니다. 실제로 걸리는 시간은 새로운 단어 10개를 외우는 데 대부분 사용됩니다. 따라서 비슷한 시간에 총 50개까지도 외울 수 있는 겁니다. 또 한 가지 의문은 6일째부터 쌓이는 10장의 암기 카드입니다. 5회 누적 복습이 되었으니 버리면 될까요? 아닙니다. 5회 누적 복습으로 100퍼센트 암기가 되었다고 하더라도 시간이 지나면 또 잊어버리게 됩니다. 다만 잊어버리는 데 걸리는 기간이 예전보다 길어질 뿐이지요.

따라서 10장씩 쌓이는 암기 카드는 자신의 망각 주기(7~15일 정도)를 고려해 100장 정도가 쌓였을 때 주말처럼 쉬는 날을 이용해서 여섯 번째 암기를 합니다. 그리고 또 진도표대로 계속 누적 복습을 해나가는 것이지요. 그러다 보면 7~15일 정도 지나서 다시 100장 정도의 암기 카드가 쌓일 것이고 하루 날을 정해서 여섯 번째 암기를 합니다. 이때 여섯 번째 암기를 했던 암기 카드를 꺼내서 일곱 번째 암기를 합니다. 이런 식으로 계속 암기를 하다보면 한 달 정도 지나서 시험 기간이 됩니다. 시험 기간에는 총복습을 하게 되므로 일곱 번째 암기했던 카드를 여덟 번째 보게 됩니다. 앞서 에빙하우스의 망각 곡선 이론에서 100퍼센트 암기가 되는 복습 횟수가 일곱 번이라고 했죠? 고리식 누적 복습 시스템을 활용하면 7회 반복을 초과하게 되므로 자연스럽게 100퍼센트 암기에 성공할 수 있습니다.

두 번째, 지갑식은 학습 시간을 기준으로 활용하는 방법입니다. 예를 들면 다음과 같습니다. 1일차에는 30장의 새로운 카드를 명함집에 넣고 휴대합니다. 지하철에 타면 30장의 카드를 손에 쥐고 외우기 시작합니다. 외울 때는 고리식과 같은 방법으로 3~5회 정도 눈으로 본 후 소리를 내면서 암송합니다. 이때 암기가 된 것은 왼쪽 주머니에, 암기가 안된 것은 오른쪽 주머니에 넣으며 '구분'합니다. 2일차에는 보통 30장의 카드를 외우면 15장 정도가 암기됩니다. 암기가 된 15장은 따로 보관하고 어제 외우지 못했던 암기 카드 15장에 새로운 카드 15장을 더해서 30장의 카드를 준비합니다. 그리고 1일차와 마찬가지 방법으로 암기합니다. 3일차에는 2일차의 30장의 카드 중에서 암기가 된 15장은 따로 보관하고 남은 15장의 카드에 새로운 카드 15장을 더해서 30장의 카드를 준비합니다. 그리고 1일차와 마찬가지 방법으로 암기합니다. 4일차 이후의 과정은 위에 설명한 방법대로 계속 진도를 나가면 됩니다.

그럼 4일째 외우는 카드에는 어떤 카드가 들어있게 되나요? 1일차에서 외우지 못한 것, 2일차에서 외우지 못한 것, 3일차에서 외우지 못한 것, 4일차에 새로 추가된 카드가 모두 포함되어있습니다. 완벽 암기가 되려면 암기한 것과 암기하지 못한 것을 '구분'해서 암기하지 못한 것을 암기가 될 때까지 '반복(누적 복습)'하는 것이 핵심이라고 했죠? 지갑식을 통해 '구분'과 '반복(누적 복습)'의 원리만 잘 지키면 자신만의 암기법을 개발할 수도 있다는 사실을 알게 될 겁니다. 자신의 이름이 들어간 암기법, 생각만 해도 멋지지 않나요?

다음으로 **세 번째는 《월드클래스 공부법》에 나오는 박승아식입니**다. 박승아 씨는 국제 수능IB에서 만점을 받은 예일대 학생입니다. 미국 IVY리그에 입학 원서를 내기 위해서는 SAT(미국 수능 시험)를 봐야 하는데, 박승아 씨는 시험 보기 3일 전에 결정을 내리게 되었죠. 그래서 영어단어라도 암기하고 시험을 봐야겠다고 생각하게 됩니다. 당장 서점에 가서 'SAT 3500'이라는 단어집을 사고, 문구점에서 암기 카드(단어장)를 3,500장 산 후에 2일 동안 직접 적으면서 암기 카드를 만들었다고 합니다. 앞서 말씀드린 대로 앞면에 외울 단어나 숙어, 뒷면에 뜻을 적는 방식으로 말이죠. 이렇게 암기 카드 3,500장을 다 만들고 나서 외우기 시작했습니다. 그런데 그 방법이 너무나 기가 막힙니다.

우선 3,500장의 카드를 100장씩 35묶음으로 나누고, 500장(5묶음)씩 7세트로 묶었습니다. 500장을 앞에 놓고 1~100번까지의 카드를 손에 쥐고 외우기 시작했습니다. 3~5회 정도 눈으로 본 후 소리를 내면서 암송하는 방법으로 말이죠(총 100장). 두 번째는 1~100번 카드를 다시 외우고, 101~200번까지의 카드를 외웠습니다(총 200장). 세 번째는 1~100번 카드를 다시 외우고, 101~200번 카드를 다시 외우고, 201~300번까지의 카드를 외웠습니다(총 300장). 네 번째는 1~100번 카드를 다시 외우고, 101~200번 카드를 다시 외우고, 201~300번 카드를 다시 외우고, 301~400번까지의 카드를 외웠습니다(총 400장). 다섯 번째는 1~100번 카드를 다시 외우고, 101~200번 카드를 다시 외우고, 201~300번 카드를 다시 외우고, 301~400번 카드를 다시 외우고, 401~500번까지의 카드를 외웠습니다(총 500장). 이런 식으로 다섯 번 반복(누적 복습)을 하면서 500장 1세트를 다 외우고 나면 다음 세트(500장)를 꺼내서 같은 방식으로 외운 것입니다.

이렇게 3,500장을 다 외우고 난 이후가 더욱 기가 막힙니다. 500장 1세트를 손에 쥐고 카드를 일일이 확인하면서 암기한 것은 왼쪽, 암기하지 못한 것은 오른쪽에 놓는 방식으로 '구분'을 했다고 해요. 이렇게 3,500장을 모두 암기했더니 암기하지 못한 카드가 700장이 남았다고 합니다. 그리고 남은 700장을 다시 100장씩 7묶음으로 나누는 것이죠. 그리고 처음 500장을 외울 때처럼 5회 반복(누적 복습)하면서 외웁니다. 1~100번, 1~200번, 1~300번, 1~400번, 1~500번, 101~600번, 201~700번 … 식으로 말이죠. 이렇게 700장을 다 외우고 나서 700장 1세트를 손에 쥐고 카드를 일일이 확인하면서 암기한 것은 왼쪽, 암기하지 못한 것은 오른쪽에 놓는 방식으로 또 한 번 '구분'합니다. 이렇게 700장을 모두 암기했더니 암기하지 못한 카드가 120장이 남게 되었습니다. 남은 120장의 카드는 시험 당일에 가져가서 시험 직전까지 외웠습니다. 자신의 음성을 MP3에 녹음해 듣는 것도 병행했다고 합니다.

그럼 3,500장의 카드를 다 외우는 데 몇 시간이 걸렸을까요? 놀라지 마세요. 28시간이 걸렸다고 합니다. 암기 카드를 외우느라 날밤을 샌 것이지요. 이렇게 3일 동안 단어만 외워서 SAT 시험에서 몇 점을 받았을까요? 지금은 SAT의 만점이 2,400점 만점인데 당시에는

1,600점 만점이었다고 합니다. 1,600점 만점에 무려 1,440점을 받았다고 합니다. 놀랍지 않습니까? 박승아 씨의 사례를 듣고 나면 '저게 사람이야? 나는 못해'라고 얘기하는 분들도 많습니다. 하지만 그렇게 부정적으로 받아들이라고 박승아식 카드 학습법을 소개하는 것이 아닙니다. 박승아 씨가 책에서도 밝혔지만 본인은 시험 준비를 할 수 있는 시간이 3일밖에 없어서 어쩔 수 없이 벼락치기로 카드를 만들어서 단어를 외웠다고 합니다. 하지만 위에 소개한 방식대로 외운 결과를 보고는 스스로도 놀랐던 것이죠. 역시 '구분'과 '반복'의 원리가 절묘하게 적용되었기 때문에 탁월한 성과를 낼 수 있었던 겁니다.

어떤 시험이든 영어는 필수 과목처럼 포함되어있습니다. 여러분도 영어 시험을 준비하면서 박승아 씨처럼 단어집 한 권을 완벽하게 암기할 수 있다면 80점은 따고 들어가는 것이나 마찬가지입니다. 박승아 씨의 경우에는 3일 만에 한 권을 외웠지만 시험 준비 기간에 따라 1년, 6개월, 3개월, 1개월로 기간은 늘어날 수 있습니다. 중요한 것은 '구분'과 '반복'의 원리를 적용하느냐 하지 않느냐는 것이지요.

다음으로 **네 번째는 《공부의 비결》에 나오는 라이트너식**입니다. 이 방식은 이미 30년 전부터 활용하고 있는 수십만 유럽인들을 통해 검증된 방법입니다. 우선 다섯 칸 정도로 나누어진 카드 상자와 암기 카드를 준비합니다. 그리고 10~20장 정도의 카드를 꺼내서 첫 번째 암기를 합니다. 암기한 카드는 카드 상자의 첫 번째 칸에 넣습니다. 다음 날 다시 10~20장 정도의 새로운 카드를 꺼내서 첫 번째 암기를 합니다. 역시 암기한 카드는 카드 상자의 첫 번째 칸에 넣습니다. 이런 식으로 3~5일 정도 암기를 하면 첫 번째 칸이 80퍼센트 정도 차게 됩니다. 이때 첫 번째 칸에 들어있는 카드를 모두 꺼내서 확인을 합니다. 확인을 하면서 암기한 카드는 두 번째 칸으로 옮기고, 암기하지 못한 카드는 첫 번째 칸에 둡니다(구분). 그 이후에는 다시 새로운 카드 10~20장 정도를 같은 방식으로 암기하면서 첫 번째 칸에 둡니다. 이런 식으로 며칠을 하다보면 또 다시 첫 번째 칸이 80퍼센트 정도 차게 됩니다. 이때 다시 첫 번째 칸에 들어있는 카드를 모두 꺼내서 확인을 합니다. 확인을 하면서 암기한 카드는 두 번째 칸으로 옮기고, 암기하지 못한 카드는 첫 번째 칸에 둡니다(구분). 그 이후에는 다시 새로운 카드 10~20장 정도를 같은 방식으로 암기하면서 첫 번째 칸에 둡니다. 이런 식으로 며칠을 하다보면 이번에는 두 번째 칸이 80퍼센트 정도 차게 됩니다. 이때 두 번째 칸에 들어있는 카드를 모두 꺼내서 확인을 합니다. 확인을 하면서 암기한 카드는 세 번째 칸으로 옮기고, 암기하지 못한 카드는 첫 번째 칸에 둡니다(구분). 그 이후에는 다시 새로운 카드 10~20장 정도를 같은 방식으로 암기하면서 첫 번째 칸에 둡니다. 이런 식으로 암기를 하면서 첫 번째, 두 번째, 세 번째, 네 번째 칸이 80퍼센트 정도 찰 때마다 확인하면서 '구분'하는 작업을 계속합니다. 그러면 카드 상자에서 나오게 되는 카드는 다섯 번 반복을 하면서 완벽하게 암기하게 됩니다. 라이트너식 누적 복습 시스템도 '구분'과 '반복'의 원리를 정확히 지키고 있다는 것이 느껴지나요? 각 칸을 옮길 때 확인을 하면서 '구분'이 적용되고 암기하지 못한 카드는 계속 첫 번째 칸으로 가기 때문에 암기가 될 때까지 여러 번 '반복(누적 복습)'을 하게 됩니다. '구분'하고 '반복'하는 과정을 게임하듯이 즐기면서 할 수 있는 것이죠."

최수석은 자신의 앞에서 마치 마술쇼가 펼쳐지는 것 같은 기분이 들었다. 왕코치가 마술사가 되어 고리식·지갑식·박승아식·라이트너식을 직접 시범을 보이는 것에 감탄하며 넋이 나갈 지경이었다. 그리고 그동안 자신이 활용했던 깜지나 빡빡이(깜지처럼 흰 종이에 빡빡하게 글을 쓰는 것)는 그저 구시대의 공부법에 불과할 뿐이고, 카드 학습법이야말로 21세기 공부법의 대표주자로 보였다. 왕코치도 자신에게 온통 몰입하는 사람들의 표정을 보면서 분위기를 즐기는 것 같았다. 최수석이 잠깐 생각에 잠긴 사이, 왕코치는 카드 학습법 실습을 위한 빈 카드를 사람들에게 여섯 장 정도씩 나누어주고 있었다. 최수석은 자신에게 주어진 카드가 어떤 마법을 부리게 될지 무척이나 기대가 되었다.

"자, 지금부터 카드 학습법 실습을 해보겠습니다. 카드 학습법도 단계별로 접근해서 익히는 것이 좋습니다. 1단계는 '단어 카드' 만들기입니다. 빈 카드 여섯 장 중에서 두 장을 준비하고, 자신이 알고 있는 영어단어나 한자를 카드 학습법의 원칙(한 개의 단어를 카드 앞면에는 단어, 뒷면에는 뜻으로 나눠 쓰기)에 따라 쓰면서 카드를 만들면 됩니다. 연습용 영어단어가 떠오르지 않는 분들은 화면에 보이는 'GONGSIN CARD'의 이니셜로 만든 샘플단어들을 적어도 좋습니다. Greatly(매우/대단히), Outstanding(뛰어난/두드러진), Need(필요한), Grade(과정/단계), Sort(분류하다), Interest(흥미로움/관심), Naturally(자연스럽게/당연히), Capital(중요한/으뜸가는), Anytime(언제든지), Repeat(반복하다), Discipline(훈련/단련). 1단계는 너무 쉽나요?

2단계는 '개념 카드' 만들기입니다. 영어단어만 외워야 하는 것이 아니라 과목마다 암기가 필요한 개념이나 공식, 어휘 등이 있을 겁니다. 그런 것들도 암기 카드로 정복할 수 있습니다. 먼저 기본서나 참고서를 펴서 외워야 할 개념을 찾아서 표시를 하고, 두 장의 빈 카드로 개념 카드를 만드시기 바랍니다. 이번에도 카드 학습법의 원칙(한 개의 개념단어를 앞면에는 개념, 뒷면에는 뜻으로 나눠 쓰기)에 따라 쓰면서 카드를 만들면 됩니다.

3단계는 '시험 카드' 만들기입니다. 암기 카드는 객관식/단답형 시험을 준비할 때 특히 효과가 커요. 우선 책을 펴서 시험 카드에 적을 내용을 찾습니다. 당연히 시험에 나올 만큼 중요한 내용을 선택해야 합니다. 좀 더 구체적으로 예를 들어드리죠. 학습 목표나 주제와 관련된 내용, 강의 시간에 강사님이 강조하는 내용, 한 번 시험에 나왔던 기출 문제와 관련된 내용, 교과서나 참고서에 밑줄이나 진한 글씨, 색깔 글씨 등으로 강조된 내용, 자신이 이해하고 암기하지 못한 내용 등이 해당됩니다. 이런 기준을 염두에 두고 세 개에서 다섯 개 정도의 내용을 책에서 찾아 체크를 합니다. 이어서 시험 카드를 만들어야 합니다. 이때 2단계의 개념 카드와 다른 점은 시험을 염두에 두고 문제를 만들어보는 겁니다.

시험이란 시험 문제를 내는 출제위원과 문제를 푸는 수험생 간의 심리전 게임이라고 생각하면 좋습니다. 이런 게임에서 승리하려면 출제위원이 어떤 부분에서 어떤 식으로 문제를 낼지를 미리 예상해야겠죠? 그러려면 시험 공부를 할 때 자신이 출제위원이라면 어떤 문제를 낼지 떠올려보세요. 문제 유형에는 크게 세 가지가 있습니다. 단답형, 빈칸 채우기, 객관식. 마찬가지로 두 장의 빈 카드를 준비하고, 카드 학습법의 원칙을 지키면서 카드를 만들면 됩니다. 이렇게 카드를 만들고 나서 문제집을 살펴보면서 제대로 만들었는지 비교합니다. 만약에 문제집에 나온 문제와 비슷한 것이 많다면 제대로 시험 공부를 하고 있는 것이고, 그렇지 않다면 뭔가 잘못된 방향으로 가고 있는 겁니다. 그렇다고 실망할 필요는 없습니다. 시험에 어떤 것이 나오지 않는지 알게 되는 계기가 될 테니까요.

시험 카드를 만들었다고 해서 모든 공부가 끝났다고 생각하면 안 됩니다. 만든 카드는 휴대하고 다니면서 자투리 시간 등을 활용해서 지속적으로 5회 이상 반복 학습을 해야 합니다. 반복을 할 때는 누적 복습 시스템을 적용하는 것이 좀 더 효과적입니다. 시중에 디지털 방식의 카드 학습법 기기들이 대중적인 인기를 모으고 있지만, 저는 아날로그 방식의 카드 학습법을 추천하고 싶습니다. 왜냐고요? 카드 학습법을 활용하면 여러 가지 효과를 기대할 수 있으니까요.

우선 카드를 만들면서 메모하는 습관을 기를 수 있고, 제때 복습하는 습관도 갖춰지며, 자투리 시간도 활용할 수 있고, 카드를 암기하면서 집중력도 향상됩니다. 효과적인 도구로 암기를 자주 하게 되니 자연스레 암기력이 좋아지고, 평소 만들어둔 암기 카드로 시험 준비를 완벽하게 할 수 있으며, 제한 시간 내에 정해진 카드를 외우면 목표 달성을 통한 성취감도 맛볼 수 있습니다. 두 사람 이상이 서로 카드를 바꾸어서 묻고 답하면 공부를 게임처럼 즐길 수도 있고, 묻고 답하는 과정에서 에피소드 기억이 생겨서 기억률을 높이며, 기억과 학습의 원리를 자연스럽게 체득하게 됩니다. 한마디로 '좋다'는 겁니다.

제가 수험생들에게 카드 학습법을 알려주었더니 '어? 선생님 이상해요. 공부한 게 막 외워져요!'라고 하는 학생들이 많았습니다. 어떤 수험생은 바닥권의 성적이 단숨에 상위권까지 오르기도 했습니다. 카드 학습법의 또 한 가지 장점은 한번 시스템을 익히고 나면 모든 과목에 적용할 수 있고, 문제까지도 통째로 암기할 수 있다는 것입니다. 문구점에 가면 노트 절반 크기의 단어장들이 많이 나와있습니다. 오답노트를 적듯이 앞면에 문제를 적고 뒷면에 풀이 과정과 답을 적은 후 누적 복습 시스템을 적용하여 카드 학습법을 활용해보세요. 그러면 틀린 문제들을 효과적으로 관리할 수 있을 겁니다. 카드 학습법을 통해 스스로 놀라는 체험을 했다면 이제부터는 설레는 마음으로 시험을 기다리게 될 겁니다. 믿습니까?"

최수석은 다시 "믿습니다!"라는 말을 내뱉고 말았다. 늘 공부할 때 암기할 것들이 많아서 고민이었던 그였다. 그런데 카드 학습법을 실습해보니 앞으로는 암기 때문에 머리 아플 일이 없어질 것 같았다. 책상 위에 놓인 단어 카드 두 장, 개념 카드 두 장, 시험 카드 두 장,

총 여섯 장의 암기 카드를 바라보고 있자니 카드에 적힌 내용들이 머릿속으로 빨려 들어오는 느낌이 들었다. 정말로 마법이 일어난 것이다. 최수석은 무슨 큰 비밀이라도 깨달은 사람처럼 조심스럽게 자리에서 일어나 화장실로 향했다. 이제 강의는 마지막 시간만을 남겨두고 있었다.

CHAPTER 11
책 한 권을 통째로 암기하는
완전 학습 프로세스

"자, 지금부터 학습법 분야의 진정한 고수들을 만날 때가 되었네요. 바로 책 한 권을 통째로 암기한 사람들입니다.《하버드 감동시킨 박주현의 공부반란》의 저자 박주현 씨는 600페이지나 되는 SAT 교재를 한 달 만에 모두 암기해서 만점을 받았고,《포기하지 않으면 불가능은 없다》를 쓴 고승덕 씨는 1만 페이지나 되는 고시 수험서를 완벽하게 소화해서 고시 3관왕의 위업을 달성한 것으로 유명하죠. 이런 엄청난 일이 가능했던 것은 두 사람 모두 최고 수준의 학습법이라고 할 수 있는 '완전 학습 프로세스'의 달인들이었기 때문입니다.

'완전 학습 프로세스'란 완전 학습 이론을 바탕으로 하는 완벽한 이해와 암기를 위한 방법을 말합니다. 쉽게 얘기하면 시험에서 만점을 받기 위해 책 한 권을 통째로 암기하는 비법이라고 할 수 있습니다. 먼저 사전 준비가 필요합니다. 수험서를 처음부터 끝까지 1회독을 하고, 기출 문제와 관련된 부분을 체크합니다. 이 과정에서 기본적으로 중요한 내용들은 구분이 됩니다. 이어서 1시간 정도 책을 읽으면서 시간당 학습량을 체크하고 자신의 학습 계획을 세웁니다. 이제부터 본격적인 수험 공부가 시작되는 겁니다. 그럼 완전 학습 프로세스를 함께 실습해 보겠습니다.

완전 학습 프로세스의 1단계는 '정독하면서 밑줄 긋기'입니다. 정독은 '정확히 읽기'를 뜻하고, 읽은 후 말이나 글로 표현/설명이 가능한지가 정독의 판단 기준이 됩니다. 그리고 밑줄을 긋는 것은 중요한 내용과 그렇지 않은 내용을 구분하기 위함입니다. 에피소드 기억을 활용하려는 의미도 있습니다. 1단계에서는 연필과 자를 사용해서 반듯하게 밑줄을 긋는 것이 좋습니다. 밑줄을 긋는 부분의 기준은 앞에서 다뤘듯이 시험에 나올 만큼 중요한 내용의 기준을 그대로 따르면 됩니다. 학습 목표 주제, 수업 시간 강조, 기출 문제, 책에 표시, 이해/암기 안 된 것 등을 중심으로 밑줄을 그으면 됩니다. 30분에서 1시간 정도 밑줄을 그으면서 정독을 하고 난 후에 마지막 페이지 여백에 시간당 학습량을 체크해둡니다. 지금부터 10분 동안 1단계 '정독하면서 밑줄 긋기'를 해보세요. 어렵지 않지요?

그럼 2단계로 넘어가겠습니다. **완전 학습 프로세스는 누적 복습 시**

스템의 원리가 적용되므로 2단계는 다시 처음으로 돌아가서 책을 봅니다(밑줄 읽기 + 1단계). 두 번째 볼 때는 처음부터 끝까지 보는 것이 아니라 밑줄을 그은 부분만 읽습니다. 그리고 더 이상 보지 않아도 될 만큼 이해와 암기가 된 내용은 지우개로 지웁니다. 그러고 나서 새롭게 진도가 나가는 부분은 1단계처럼 정독하면서 밑줄을 그으면 됩니다. 지금부터 10분 동안 2단계 '밑줄 읽기 + 1단계'를 해보세요.

3단계는 다시 처음으로 돌아갑니다(색펜 긋기 + 1~2단계). 세 번째 볼 때는 밑줄 그은 부분만 읽으면서 그중에서도 중요한 내용 중심으로 색펜으로 밑줄을 긋습니다. 이어서 두 번째로 보는 부분으로 넘어가서 밑줄을 그은 부분만 읽으면서 더 이상 안 봐도 되는 부분은 지우개로 지웁니다. 그러고 나서 새롭게 진도가 나가는 부분은 1단계처럼 정독하면서 밑줄을 그으면 됩니다. 지금부터 10분 동안 3단계 '색펜 긋기 + 1~2단계'를 해보세요.

4단계는 다시 처음으로 돌아갑니다(형광펜 긋기 + 1~3단계). 네 번째 볼 때는 색펜으로 그은 부분만 읽으면서 그중에서도 중요한 핵심키워드에 형광펜으로 표시를 합니다. 이어서 세 번째 보는 부분은 밑줄 그은 부분만 읽으면서 색펜으로 밑줄을 긋습니다. 두 번째로 보는 부분으로 넘어가서 밑줄을 그은 부분만 읽으면서 더 이상 안 봐도 되는 부분은 지우개로 지웁니다. 그러고 나서 새롭게 진도가 나가는 부분은 1단계처럼 정독하면서 밑줄을 그으면 됩니다. 지금부터 10분 동안 4단계 '형광펜 긋기 + 1~3단계'를 해보세요.

5단계는 다시 처음으로 돌아갑니다(속독 + 1~4단계). 다섯 번째 볼 때는 형광펜으로 표시된 핵심키워드를 보면서 지금까지 줄여왔던 내용들을 빠르게 펼치는 겁니다. 1단계에서 한 페이지를 반 페이지 정도로 줄이고, 2단계에서 4분의 1페이지로 줄이고, 3단계에서 한 문장 정도로 줄이고, 4단계에서 핵심키워드로 압축한 내용을 5단계에서 핵심키워드 → 색펜으로 그은 부분 → 지우개로 줄였던 부분 → 연필로 밑줄 그은 부분 등으로 펼쳐내면 됩니다. 처음에는 조금 어려울 수도 있지만 몇 번 연습을 하면 익숙해질 겁니다. 지금부터 10분 동안 5단계 '속독 + 1~4단계'를 해보세요.

여러분이 5단계에서 책을 읽는 모습을 누군가 옆에서 본다면 사진을 보듯이 그냥 페이지를 하나씩 넘기기 때문에 공부하는 것이 맞는지 의심할 수도 있습니다. 하지만 머릿속에서는 엄청난 일들이 벌어지고 있는 것이지요. 우스갯소리일 수도 있지만 이 정도 수준이 되면 책을 보는 것이 힘든 게 아니라 페이지를 넘기느라 손목이 아파서 힘들 정도가 됩니다. 이것이 바로 '공부의 달인'의 경지입니다.

이렇게 완전 학습 프로세스에 따라 5회 누적 복습을 해나가게 되면 완벽 암기가 된 부분이 쌓이게 됩니다. 이 부분은 카드 학습법에서 사용했던 방법과 마찬가지로 자신의 망각 주기를 고려하여 7~15일 정도마다 핵심키워드를 중심으로 주기적으로 누적 복습을 하는 것이 좋습니다. 그리고 완전 학습 프로세스는 2차 시험(주관식 서술형/논문형)을 대비하여 책 한 권을 완벽하게 암기하는 데 효과적인 방법이며, 카드 학습법은 1차 시험(객관식/단답형)을 대비하여 단편적인 내용을 암기하는 데 효과적인 방법입니다. 공부를 하면서 내용에 따라 이 두 가지 방법을 적절히 활용한다면 더욱 효과가 좋을 겁니다.

고시 2차 시험에 합격한 사람들이 공통적으로 하는 말이 있습니다. 하루에 보통 두 과목 정도를 보는데, 시험 전날에 과목당 1천 페이지 정도 되는 내용(총 2천 페이지)을 정리했다는 겁니다. 수험생이라면 누구나 이런 사실을 압니다. 하지만 성공하는 사람은 많지 않습니다. 결국 하루 동안에 수천 페이지에 달하는 내용을 완벽하게 정리하느냐 못하느냐가 당락을 결정하게 되는 겁니다. 그런데 하루 동안에 그 많은 내용을 완벽하게 정리하려면 수험 공부를 하면서 완전 학습 프로세스를 통해 내용을 압축하는 과정이 반드시 필요합니다. 그래야 목차와 관련 키워드만 알고서도 풀어서 쓸 수 있는 겁니다.

완전 학습 프로세스의 수험 독서법(속독법)이 일반적인 속독법(빠른 안구 운동, 포토 리딩)과 다른 점은 시험 문제를 정확하게 맞추는 데 초점을 맞추고 있어서 학습내용을 키워드 중심으로 압축하고 나서 펼치는 과정을 거친다는 겁니다. 일반적인 속독법이 전체적인 흐름을 파악하는 데는 유리하지만 시험에서 힘을 발휘하지 못하는 것과는 달리, 수험 독서법은 완벽한 이해와 암기를 바탕으로 시험에서 만점을 기대할 수 있는 비법 중에서도 비법입니다. 지금까지 학습법에 대해 연구한 바에 의하면 누적 복습이 최고 수준이라고 생각됩니다. 물론 앞으로 더 효과적인 방법이 나올 수도 있습니다. 하지만 최신 뇌과학 연구 결과를 보더라도 현 시점에서는 누적 복습이 가장 효과적인 학습법이라 알려져있습니다.

발레리나 강수진 씨의 발과 축구선수 박지성 씨의 발을 보신 적이 있지요? 야구선수 염종석 씨의 어깨를 보신 적이 있지요? 성공한 사람들은 운이 좋아서 성공한 것이 아닙니다. 호수 위에 우아하게 떠있는 백조도 물속에서 열심히 발길질을 하고 있고, 아름다운 하프 연주자도 열심히 발을 놀리고 있습니다. 시험에 합격한 사람들도 완전 학습 프로세스를 통해 학습내용을 압축하는 과정이 있었기 때문에 합격의 영광을 누릴 수 있던 것입니다. 지금까지 어느 누구도 이런 비밀을 알려주지 않았을 겁니다. 이 방법을 배운 여러분은 진정 행운아입니다. 이제 시험에서 합격하는 일만 남았으니 말입니다."

최수석은 완전 학습 프로세스 실습을 하면서 수험계에서 대대로 전해 내려오는 비서秘書를 몰래 훔쳐보는 느낌이 들었다. 예전에 공무원 시험을 먼저 준비했던 선배들에게서 비슷한 방법에 대해 언뜻 들었던 기억도 떠올랐다. 하지만 당시에는 무슨 말인지 좀처럼 감을 잡을 수 없었다. 하지만 이렇게 실습을 해보니 확실히 자신의 것이 된 것 같았다. 게다가 고시에서도 통하는 학습법이라니, 9급 공무원 시험쯤은 너무나 쉽게 느껴졌다. 물론 자신감이 넘쳐서 자만심을 불러일으키면 안 되겠다는 생각도 함께. 어찌 되었든 마음 깊은 곳에 든든한 자신감이 생겼다는 것은 기쁜 일이다. 왕코치의 강의는 계속 이어졌다.

"이제 지금까지 얘기한 내용들을 총정리해보겠습니다. 지금부터 말씀드릴 D-30 시험 전략과 카드 학습법, 자연적 학습기술, 실용서 독서법에 관한 설명을 들으면 큐빅과 퍼즐이 완성되는 느낌이 들 겁니다. D-30 시험 전략을 다시 한 번 살펴볼까요?

시험 페이퍼를 만들면서 1회 공부를 하고, 2주 전에 암기를 하면서 1~2회 반복을 하고(총 세 번째), 시험 전날 암기를 하면서 1~2회 반복을 하고(총 다섯 번째), 시험 당일 아침에 암기를 하면서 2회 반복을 하고(총 일곱 번째), 시험 보기 직전에 암기를 하면서 1회 반복을 하게 되므로(총 여덟 번째) 에빙하우스의 망각 곡선에서 말하는 100퍼센트 완벽 암기의 수준인 7회를 초과하는 암기를 할 수 있습니다.

박승아식 카드 학습법도 마찬가지입니다. 3,500장의 카드를 만들면서 첫 번째 공부하고, 3,500장을 500장씩 나눠서 5회 누적 복습하고(총 여섯 번째), 3,500장을 500장씩 손에 쥐고 확인하면서 복습하고(총 일곱 번째), 남은 700장을 다시 5회 누적 복습하고(총 열두 번째), 700장을 손에 쥐고 확인하면서 복습하고(총 열세 번째), 남은 120장을 시험장까지 가져가서 복습함으로써(총 열네 번째) 에빙하우스의 망각 곡선에서 얘기하는 100퍼센트 완벽 암기의 수준인 7회의 두 배 정도에 달하는 암기를 할 수 있는 겁니다. 여기서 핵심은 암기가 되지 않는 내용을 암기가 될 때까지 열세 번 암기하는 것입니다. 이렇게 공부를 하니 탁월한 성과를 거둘 수밖에 없는 겁니다.

자연적 학습기술도 첫 번째 시간에 진도를 나가고, 두 번째 시간에 첫 시간 복습＋진도를 나가고, 세 번째 시간에 1~2번째 시간 복습＋진도를 나가고, 네 번째 시간에 1~3번째 시간 복습＋진도를 나가고, 다섯 번째 시간에 1~4번째 시간 복습＋진도를 나가는 방식으로 진행됩니다.

실용서 독서법도 1회독을 할 때 소설책을 읽듯이 편안한 마음으로 책을 보고, 2회독을 할 때 중요한 부분에 밑줄을 긋거나 포스트잇으로 표시(구분)를 하면서 보며, 3회독을 할 때 구분된 내용을 워드로 치고, 4회독을 할 때 워드로 친 내용을 교정(교열)하면서 반복하며, 5회독을 할 때 핵심내용을 파란색과 빨간색으로 표시합니다. 나중에 관련 내용이 필요할 때 정리한 내용을 주기적으로 확인하면서 여섯 번 이상 보게 됩니다.

완전 학습 프로세스도 마찬가지입니다. 전제 조건으로 1회독, 기출 문제 분석을 하면서 두 번 반복을 하게 되고, 각 단계를 거치면서 5회 누적 복습을 하고(총 일곱 번째), 주기적인 반복을 하면서 총 열 번 이상 반복을 하게 되므로 기본서 한 권을 완벽하게 암기할 수 있는 겁니다.

이러한 예시를 보면 알겠지만 누적 복습 시스템을 바탕으로 한 완전 학습 프로세스는 공부와 시험에만 효과적인 것이 아닙니다. 음악이든, 스포츠든, 무용이든, 학문이든, 업무든 마찬가지입니다. 어떤 분야에서든 성공하고 싶다면 완전 학습 프로세스를 적용하기만 하면 됩니다. 성공한 사람과 그렇지 않은 사람의 차이는 '누가 좀 더 과학적이고 체계적이며, 세밀한 완전 학습 프로세스를 활용하느냐?'라는 것뿐입니다.

이제 마무리를 하기 전에 수험생들이 가장 좋아하는 공부의 달인이자 멘토 두 분을 소개하려 합니다.《포기하지 않으면 불가능은 없다》를 쓴 고승덕 변호사는 '내공형 멘토'라 할 수 있습니다. 공부 의지를 다지기 위해 책상 앞에 써 붙여놨던 '극기상진克己常進(자신을 이기고 항상 나아간다)'이나 '행시필중行試必中(행시는 이미 날아가는 화살이니 반드시 맞히고야 말겠다)'이란 사자성어에서는 결연함마저 느낄 수 있습니다.

특히 '생활규범 10계명'에 주목할 필요가 있습니다. 첫째, 일에 신념과 자신감을 가지고 임한다. 둘째, 결정하기 전에 사고의 과정을 거친다. 셋째, 동류집단의 압력을 이겨낸다. 넷째, 필요한 경우를 가려 말한다. 다섯째, 집안일에 헌신적으로 협력하고 친척과의 유대를 공고히 한다. 여섯째, 건강에 유의하여 음식을 조심한다. 일곱째, 술, 여자, 담배를 피한다. 여덟째, 헛되이 보내는 시간을 줄인다. 아홉째, 신문과 TV를 보는 데 과다한 시간을 낭비하지 않는다. 열째, 피곤과 나태를 구분한다.

고승덕 변호사는 수험생들에게 이런 말을 전하기도 했습니다. '저는 최선을 다하면 될 것이라는 생각으로 죽어라 공부했습니다. 운은 열심히 하려는 정신 자세가 갖춰져있고 절실히 구하는 사람에게 닿게 됩니다. 운은 노력하는 자의 것입니다. 아니, 노력이 운과 기적을 만듭니다. 이러한 믿음으로 저는 1년 만에 사법 시험을 끝내겠다는 마음을 먹을 수 있었고, 하니까 된다는 것을 확인했습니다.'

그런가 하면《불합격을 피하는 법》을 쓴 최규호 변호사는 '외공형 멘토'라고 할 수 있습니다. 특히 자기점검 체크리스트를 통해 굉장한 자기관리를 한 것으로 알려져있지요. 첫째, 애인 등과의 관계 때문에 대체로 힘이 든다(-100). 둘째, 공부법, 교재, 강사 등에 관해 조언을 구하지 않고 스스로 결정한다(-50). 셋째, 전국 모의고사를 보지 않는다(-50). 넷째, 하나 이상의 학원을 거의 매일 가는 식으로 학원 의존 경향이 크다(-50). 다섯째, 기교파보다는 완벽파·정통파에 가까워서 진도가 잘 안 나간다(-50). 여섯째, 교재나 공부법에 관하여 조언해 줄 사람이 한 명도 없다(-30). 일곱째, 시험에 자신이 없고 여태껏 공부를 잘해본 적이 없다(-30). 여덟째, 컴퓨터게임을 끊지 못한다(-20). 아홉째, 암기장을 사용하지 않는다(-10). 열째, 수험 정보와 무관하게 주 3회 이상 인터넷을 한다(-5).

한편 최규호 변호사는 수험생들에게 이런 말을 전하기도 했습니다. '공부할 때는 목숨을 걸고 공부해야 합니다. 목숨보다 중요한 것이 있으면 공부에 우선하여 하고, 그렇지 않으면 공부를 위해서 다 희생해야 합니다. 공부는 열심히 하는 것도 중요하지만 딱 그것만큼 공부 방법도 중요합니다. 공부할 때는 절제와 정진을 해야 합니다. 온갖 유혹을 뿌리쳐야 하며, 끊임없이 노력하고, 자신의 모든 체력과 정력을 공부에 100퍼센트 쏟아붓는 과정을 몇 년간 계속해야 합니다. 이는 도 닦는 수련의 과정과 비교해도 부족하지 않습니다.'

끝으로 합격 목표 달성을 위한 세 가지 질문에 대해 함께 생각해보겠습니다. 첫 번째 질문은 '당신의 목표는 무엇인가요?'입니다. 목표를 달성하려면 목표가 있어야 합니다. 두 번째 질문은 '왜 그런 목표를 갖고 있나요?'입니다. 목표를 달성하기 전에 올바른 가치관과 철학을 갖고 있는지가 중요합니다. 세 번째 질문은 '지금 무엇을 하고 있나요?'입니다. 목표를 달성하려면 구체적인 계획을 세워서 하나씩 실천을 해야만 합니다. 누구든 세 가지 질문에 명쾌한 답변을 할 수 있다면 합격의 영광을 누릴 수 있을 거라 믿습니다. 자, 긴 시간 경청해주셔서 감사합니다. 에너지를 충전하는 데 도움이 되는 구호를 모두 함께 외치면서 마치겠습니다. '내 인생은 올패스야!' 고맙습니다."

교육장의 모든 사람들이 박수를 치는 소리에 놀란 최수석은 얼떨결에 일어나 박수를 쳤다. 무엇이 이 사람들의 몸과 마음을 움직인 것일까? 최수석이 강의 내내 느꼈던 가슴 벅찬 감동을 그들도 분명 느꼈을 것이다. 무엇보다도 공부를 하고 싶다는 생각이 정말로 강하게 드는 것이 신기했다. 그리고 학습법 워크숍에서 배운 것들을 당장 활용해서 어떤 효과가 있는지 눈으로 확인하고 싶은 마음이 컸다. 최수석은 강의를 마치고 수강생들에게 둘러싸여 사인을 해주느라 바쁜 왕코치에게 짧은 인사를 전하고는 교육장을 빠져나왔다. 그리고 태어나 처음으로 '어제와 다른 나'를 마주하는 기분을 느꼈다.

PART 3

학습법 연구회에서
공부의 길을 함께 나누다

CHAPTER 12
결단을 내리기 위한
공부자극이 필요할 때

학습법 워크숍에 참석한 이후 최수석은 물 흐르듯 막힘없이 공부법을 착실히 실천에 옮겼다. 하지만 한 달 정도가 지나자 제대로 진행되고 있는 것인지 점검이 필요할 것 같다고 생각했다. 왕코치에게 안부도 전할 겸 연락을 하자 왕코치는 기다렸다는 듯 반갑게 전화를 받았다. 최수석은 근황을 전하며 최근의 상황을 이야기했다. 그러자 왕코치는 워크숍에 참여했던 사람들 중 사후관리를 받고 싶어하는 사람들을 대상으로 진행하는 '학습법 연구회'에 참여해보라고 화답했다. 정기적인 연구회 형식으로 한 달에 한 번 정도 만나서 진행하는 스터디로 생각하면 되므로 공부하는 데에도 큰 부담이 되지 않을 것이라 덧붙였다. 최수석은 고민할 필요도 없다는 듯 바로 참여하겠다고 대답했다. 그동안 왕코치와 만나면서 자신이 얼마나 많이 바뀌었는지를 눈으로 확인했기 때문에 망설일 이유가 전혀 없었다. 왕코치는 다음 주말에 연구회가 진행되며, 자신이 추천하는 학습법 책 중에서 한 권씩을 읽고 핵심내용을 정리한 후에 돌아가면서 발표하는 방식으로 진행할 거라고 했다. 최수석은 켄 블랜차드의《춤추는 고래의 실천》을 읽겠다고 했다. 언젠가 아버지의 책꽂이에서 켄 블랜차드의《칭찬은 고래도 춤추게 한다》라는 책을 본 적이 있어서 마침 어떤 내용인지 궁금했기 때문이다.

다람쥐 쳇바퀴 돌듯 반복되는 수험생의 일상에서 일주일은 금세 지나갔다. 연구회 전날이 되자 왕코치로부터 연구회의 장소와 시간을 알리는 문자가 왔다. 최수석은 계획했던 공부를 일찍 마무리하고 연구회에서 발표할 내용을 정리한 후 잠자리에 들었다. 다음 날 최수석은 가벼운 발걸음으로 연구회 장소로 향했다. 10시 10분 전에 교육장에 들어갔더니 이미 다섯 명의 멤버가 자리에 있었다. 왕코치는 환한 얼굴로 반기면서 서로를 인사시켜주었다. 지난번 워크숍 때 얘기를 나눴던 사람도 있었고, 점심을 먹으면서 담소를 나눴던 사람도 있어서 마음이 편했다. 10시 정각이 되자 왕코치는 연구회를 바로 시작했다.

"안녕하세요. 학습법 연구회에 참석해주신 여러분들을 환영합니다. 여기에 모인 분들은 저와 학습코칭을 1회 이상 했고, 학습법 워크숍에도 참여한 적이 있어서 정예 멤버라고 할 수 있습니다. 학습법에 대한 이해도가 높은 분들과 연구회를 진행하게 되어 기쁘게 생각합니다. 연구회의 진행 방식을 알려드리겠습니다. 사전에 안내해드린 대로 각자 맡은 학습법 책을 브리핑 형태로 돌아가며 발표할 겁니다. 한 사람당 1시간 정도의 시간이 주어지며, 발표 후에 간단한 토론을 할 예정입니다. 오전에 두 명, 오후에 네 명으로 진행하면 되겠네요. 발표 후 토론을 할 때는 학습법을 분석해볼 겁니다.

그에 앞서 우선 나눠드린 '학습법 지도'부터 설명해드리겠습니다. 학습법 지도는 학습법 전체를 통찰하기 위해 알아야 할 내용을 체계적이고 과학적으로 정리해놓은 것입니다. 학습법 지도는 학습법을 크게 성품(마음가짐/내공)과 역량(공부기술/외공)으로 나누고, 다시 성품의 7요소(성실성, 성숙성, 풍요의 심리, 자신감, 노력, 인내, 끈기), 역량의 7요소(정신관리, 학습관리, 환경관리, 건강관리, 집중력, 이해력, 암기력)로 나눕니다. 총 14가지의 각 요소는 어느 하나 중요하지 않은 것이 없으며, 공부를 하는 데 변수로 작용하는 것들입니다.

지금부터 학습법 지도의 14요소를 하나씩 살펴보겠습니다. 첫째, 성실성誠實性은 정성스럽고 진실된 품성을 뜻하며, 실천하는 능력을 말합니다. 둘째, 성숙성成熟性은 몸과 마음이 자라서 어른스럽게 된다는 걸 뜻하며, 용기와 배려의 균형을 의미합니다. 셋째, 풍요의 심리豊饒의 心理는 이 세상에는 모든 사람이 원하는 것을 얻을 수 있을 만큼 자원이 풍부하다는 생각을 뜻합니다. 넷째, 자신감自信感은 자신이 있다는 느낌을 의미합니다. 다섯째, 노력努力은 목적을 이루기 위하여 몸과 마음을 다하여 애를 쓴다는 걸 말합니다. 여섯째, 인내忍耐는 괴로움이나 어려움을 참고 견디는 걸 말합니다. 일곱째, 끈기는 쉽게 단념하지 아니하고 끈질기게 견디어나가는 기운을 의미합니다. 여덟째, 집중력集中力은 어떤 사물에 대하여, 정신을 집중시키는 힘이나 집중시킬 수 있는 힘을 의미합니다. 아홉째, 이해력理解力은 사리를 분별하여 안다는 뜻으로서 말이나 글의 뜻을 깨우쳐 아는 것을 의미합니다. 열째, 암기력暗記力은 쓴 것을 보지 않고서도 기억할 수 있도록 외우는 것을 의미합니다. 열한째, 정신관리는 동기부여에 해당하며 우리가 공부를 해야 하는 명확한 이유가 있는가에 따라 수준이 결정됩니다. 열두째, 학습관리는 성공 학습자들이 공통적으로 공부 잘하는 비결이라고 얘기하는 예습·수업·복습습관과 시간관리가 핵심입니다. 열셋째, 환경관리는 집중력과 이해력, 암기력을 높일 수 있는 학습 분위기를 조성하여 효율성을 높이는 것을 의미합니다. 열넷째, 건강관리는 좋은 컨디션으로 공부할 수 있도록 식습관과 운동습관, 생활습관을 잘 관리하는 것을 의미합니다.

학습법 지도의 14요소를 잘 따르면 좋은 결과가 있을 것이라는 긍정적인 마음가짐을 가질 수 있고, 즐겁게 공부할 수 있으며, 효율적으로 공부할 수 있고, 좋은 공부습관을 만드는 데도 효과적입니다. 무엇보다 물고기를 낚기 위해 그물이 필요하듯, 학습법 책에서 보물을 건지기 위해서는 학습법 지도가 필요합니다. 하지만 걱정하지 마세요. 학습법 지도의 활용법은 매우 간단합니다. 책을 읽거나 토론을 할 때 학습법 지도를 옆에 두고 펜으로 체크를 해가며 읽기만 하면 됩니다. 책의 내용을 보면서 학습법 지도에 있는 단어들이 연상되는 부분이 있다면 거기에 체크를 하는 순간 큰 보물을 자신의 것으로 만들 수 있습니다.

학습법 지도를 활용해 학습법 서적을 분석하면 책을 쓴 사람이 어떤 학습법을 어떻게 활용했는지에 대해서도 구체적으로 파악할 수 있습니다. 기억과 학습의 원리를 알고 공부했는지, 아니면 단순히 스킬과 요령으로 성공했는지도 알 수 있습니다. 마치 부처님 손바닥 안에서 학습법 전체를 바라보고, 진정한 공부의 달인을 구별하는 특별한 도구인 셈이죠. 그리고 지금 우리가 함께 진행하고 있는 학습법 연구회를 통해 학습법 지도를 꾸준히 활용하면 학습법에 관한 전문지식을 효과적으로 쌓을 수 있기 때문에 자연스럽게 전문가가 될 수 있습니다. 언제 어디서 누구와 대화를 나누더라도 자신 있게 학습의 전반적인 문제에 관해 명쾌하게 답변도 하실 수 있을 겁니다. 학습법 지도로 학습법 세계를 마음껏 여행할 수 있을 거라 믿습니다."

최수석은 학습법 지도의 14요소에 관한 설명을 들으면서 또 다른 세상의 문을 연 것 같았다. 학습코칭을 할 때도 그랬고, 학습법 워크숍에 참여했을 때도 낯선 세계에 온 것 같은 느낌이었는데, 학습법 연구회에서도 비슷한 느낌이 들자 묘한 기분이 들었다. 과연 연구회에서는 어떤 내용을 다루게 될까? 기대와 설렘으로 최수석의 마음은 조금씩 흥분되기 시작했다. 첫 번째로 발표할 사람이 앞으로 나와서 노트북을 준비하고 입을 뗐다.

"안녕하세요. 첫 번째 발표를 하게 된 김승환입니다. 저는 고승덕 변호사의 《포기하지 않으면 불가능은 없다》를 선택했습니다. 이 책은 서울대 법대 재학 중에 사시·행시·외시 등 고시 3관왕에 오른 저자의 입지전적 스토리를 다루었기 때문에 고시나 공무원 시험을 준비하는 수험생들에게 오래전부터 필독서로 알려진 고전과도 같습니다. 고승덕 변호사는 하나도 합격하기 어렵다는 고시에서 사법 시험은 최연소로 합격했고, 행정 고시는 수석을 했으며, 외무고시는 차석을 차지할 정도로 타의 추종을 불허하는 사람입니다. 고승덕 변호사는 머리말에서 이 책을 통해 수험생으로서 겪었던 방황과 고민, 목표설정과 결단, 구도求道, 도전, 성공의 과정을 전하고 싶다고 했습니다. 그리고 자신의 스토리가 변호사, 법대 진학, 고시 합격의 꿈을 가진 사람들에게 가이드의 역할을 하기를 기대한다고 말합니다. 책을 읽으면서 인상 깊었던 부분들을 여러분들과 나누고 싶어서 소개하려 합니다.

고 변호사는 경기고 2학년 때 수학에서 40점을 받는 위기를 겪었지만 6개월 동안 집중적으로 수학을 파서 반에서 몇 등 안에 들게 되었습니다. 그 과정에서 '포기하지 않으면 불가능은 없다'는 사실을 깨달았다고 합니다. 한편 고 변호사는 자신이 공부를 잘 할 수 있었던 이유에 대해 잘생긴 것도 아니고, 체격이 좋은 것도 아니며, 예술적 자질이 있는 것도 아니라서 공부를 유일한 가능성으로 여겨서 몰입할 수 있었다고 합니다. 대학생활의 자유를 만끽하던 고 변호사는 어느 날부터 삶에 대해 진지한 고민을 하기 시작했고, '생활규범 10계명'을 정하면서 큰 변화의 시기를 맞았습니다. 그리고 1년 안에 사법시험에 합격하겠다는 목표를 세우고 미친 듯이 '죽어라' 공부를 한 것입니다. 절대 공부 시간을 확보하기 위해 낮과 밤을 바꾸어 공부했고, 하루 24시간을 공부와 잠, 둘로 나누면서 수험생에 최적화된 생활습관을 갖출 수 있었습니다. 정신무장을 철저히 했음에도 잡생각이 날 때면《불경》을 읽으면서 결의를 다지기도 했습니다. 또한 사시 공부를 하면서 자신만의 '단권화 공부법'을 완성하게 됩니다. 처음 읽을 때부터 이해하지 못한 부분이 있으면 그냥 넘기지 않을 정도로 정독을 했고, 책에 인용된 조문은《법전》에서 찾아 책의 여백에 옮겨 적었습니다. 기본서와 참고서를 나란히 펼쳐놓고, 기본서 한 장章을 한 번 읽은 뒤에 참고서에서 해당 부분을 찾아서 읽고, 다시 기본서를 읽었다고 합니다. 그리고 참고서에만 있거나 참고서에 더 자세히 설명되어있는 부분, 논리나 입장의 차이가 있는 부분은 샤프로 여백에 메모해두었습니다. 이런 식으로 단권화를 하면서 꼼꼼히 책을 읽었기 때문에 처음 1회독 속도가 하루 50~100쪽 정도로 매우 느렸습니다. 하지만 단권화 작업을 하면서 교과서와 참고서 두 권을 읽게 되므로 2회독 이상의 효과를 보았고, 나중에는 기본서 한 권만 반복해서 읽으면 되기 때문에 시간을 절약할 수 있었다고 합니다. 또한 강의가 지루할 때는 강의내용을 그대로 받아 적으면서 글씨 연습을 했습니다. 이를 통해 주어진 시간에 아는 것을 쓸 수 있는 능력을 키울 수 있었다고 합니다.

2차 시험 3개월 전부터는 100일 작전을 짜서 기본서 열다섯 권을 두 번씩 읽겠다는 계획을 세웠습니다. 3일에 한 권씩 읽겠다는 목표를 달성하지 못할 때는 '붙어야 한다! 붙을 수 있다! 붙는다!'는 말을 구호처럼 외치면서 스스로를 독려했습니다. 이런 식으로 기본서를 과목당 7회독 함으로써 사시에 합격할 수 있었습니다. 흥미로운 것은 고 변호사가 부모님의 경제적 뒷받침과 합격자 수의 증가, 큰 사건·사고나 건강상의 문제가 없었던 점 등을 운으로 돌렸다는 것입니다. 하지만 운도 열심히 하려는 정신 자세를 갖추고 절실하게 원하는 사람에게 닿게 된다고 하면서 노력하는 사람에게 운도 따른다고 말합니다.

사시에 합격한 후 외시와 행시를 준비할 때는 더욱 처절하게 공부했습니다. 고시 공부는 분량이 많기 때문에 짧은 시간에 끝내려면 벼락치기를 할 때와 같은 정신 집중 상태를 늘 유지해야 합니다. 그런데 이런 집중을 일상화하면 체력 소모가 아주 크기 때문에 잠잘 때쯤이면 체력이 완전히 소모되어 일어날 힘도 없게 됩니다. 그래서 일어나지 않고 누워서 전등을 끌 수 있도록 전등에 끈을 길게 달아놓았다고 합니다. 방송에 소개된 적도 있는 '콩나물 기르기' 전략도 인상적이었습니다. 콩나물을 기를 때 물을 부으면 망 밑으로 물이 다 빠져서 콩에 별다른 영향을 주지 않는 것 같지만 며칠이 지나면 조금씩 뿌리가 나고 먹을 수 있는 콩나물로 자란다고 하면서 공부도 이와 비슷하다고 합니다. 즉, 매일 콩나물에 물을 주듯이 공부하는 것이 별로 효과가 없는 것 같지만 기억은 조금씩 자란다는 것입니다.

책을 읽을 때 의식적으로 저자와 생각이 같아지도록 노력했다는 부분도 눈길을 끌었습니다. 고시 공부는 시험 답안을 잘 쓰는 것이 중요하기 때문에 학문 연구하듯이 공부하면 안 된다고 합니다. 즉, 저자와 생각이 다른 부분이나 비판을 하고 싶은 부분이 있더라도 저자의 주장과 흐름에 따르는 것이 중요하다고 합니다. 시험일이 다가왔을 때는 밥 먹는 시간도 아까워서 비빔밥을 만들어 숟가락 하나만으로 밥을 먹으면서 공부했다고 합니다. 공부하면서 밥을 먹으면 소화가 되지 않을 것을 우려해 평소보다 더 오래 씹고 난 후에 삼켰다고 합니다. 밥맛이 없을 때는 우유와 빵으로 허기만 면하면서 공부했습니다. 눈을 뜬 시간은 단 1초도 허비하지 않고, '죽어라' 공부했다고 합니다. 책 중간중간 등장하는 고 변호사의 명언으로 발표를 마무리하고자 합니다. '고시에 합격하려면 비인간적인 생활을 각오해야 한다.' '처절할 만큼 집중적인 공부를 해야 하므로 큰 자기희생을 감수해야 한다.' '책을 읽을 때 단 1초라도 허비하지 않겠다는 각오가 있어야 한다.' '절벽에 매달려서 붙들고 있던 밧줄이 끊어지면 죽는 상황이라고 생각하고, 죽을 힘을 다해서 밧줄을 잡는 심정으로 공부해야 한다.'"

발표가 끝나자 큰 박수가 터져 나왔다. 첫 번째 발표라 부담감이 컸을 텐데도 무난하게 잘해낸 발표자를 최수석은 존경의 눈빛으로 바라보았다. 발표 후에는 토론 시간이 주어졌다. 왕코치는 '학습법 지도의 14요소'를 다시 한 번 상기시키면서 이 책의 저자가 어떤 요소를 활용해서 성공했는지에 대해 얘기 나누자고 했다. 처음에는 주저하던 연구회 멤버들이 한 명씩 입을 열기 시작했다. 누군가는 생활규범 10계명을 정한 것에서 '학습관리(자기관리)'를 잘했다는 걸 알 수 있다고 말했고, 또다른 누군가는 잠자는 시간 이외의 모든 시간을 공부에 쏟아붓는 것에서 엄청난 '노력'을 엿봤다고 했다. 누워서 전등 끈을 잡아당겨야 할 정도로 공부했다는 부분에서 고도의 '집중력'을 느꼈다는 사람, 밥 먹는 시간을 아끼려고 비빔밥을 만들어서 먹었다는 부분에서 철저한 '학습관리(시간관리)'의 필요성을 절실하게 느꼈다는 사람도 있었다. 최수석은 '죽어라' 공부했다는 말을 많이 한 것으로 봐서 인내심과 끈기가 정말 대단한 것 같다고 말했다. 그러자 왕코치는 연구회의 멤버들이 동기부여와 관련된 성품적인 부분에만 너무 초점을 맞추고 있는 것 같다며 저자가 활용한 구체적인 학습법을 찾아보면서 역량적인 부분에 대해 알아보라고 조언했다. 다들 꿀먹은 벙어리처럼 아무 말을 못하자 왕코치는 유일하게 뭔가를 발견한 사람처럼 흐뭇한 미소를 지으면서 말했다.

"책을 읽다보면 저자가 수험서를 어떻게 읽었는지에 대해 설명하는 부분이 나옵니다. 시험장에서 공부한 내용을 생생하게 기억하기 위해서는 시험일에 임박한 시간에 책을 여러 번 읽어야 하고, 하루에 기본서 한 권을 이해하면서 읽을 수 있을 정도의 속도가 되어야 합격할 수 있다는 것이지요. 그런데 속독학원에서 가르치는 것처럼 대각선으로 읽거나 대충 읽는 것은 금물이라고 합니다. 그리고 글자를 빠짐없이 읽되 가능한 한 빠른 속도를 지속적으로 유지해야 한다고 말합니다. 이게 도대체 무슨 말일까요? 즉 정독을 하면서도 속독처럼 읽어야 한다는 말입니다. 서로 모순이 되는 말처럼 보이지만, 학습법 워크숍에서 다뤘던 '완전 학습 프로세스' 마지막 단계에서의 압축과 펼치기를 생각해보면 금방 이해가 될 겁니다. 평소에 책을 보면서 핵심내용 중심으로 압축을 해두어야 시험 전날에 펼치기를 통해 책 한 권을 모두 읽을 수 있다는 것이지요. 구체적인 프로세스에 대한 설명은 없이 '이렇게 읽어야 한다'고만 말하니까 대부분의 사람들은 이게 얼마나 중요한 것인지 모르고 지나치곤 합니다. 결국 고승덕 변호사도 엄청난 끈기와 인내심을 바탕으로 도를 닦듯이 공부해서 고시 3관왕의 위업을 달성한 것처럼 보이지만, 일곱 번 이상 책을 보면서 '압축과 펼치기'라는 최고 수준의 학습법을 활용했기 때문에 탁월한 성과를 거둘 수 있었던 것입니다. 학습법 지도를 펼쳐놓고 책을 분석하면 이런 보물들을 발견할 수 있답니다. 무엇이 차이를 만들어 내는지 알게 되는 것이지요."

왕코치의 설명이 끝나자 연구회 멤버들도 자신들만 아는 비밀을 공유하게 된 것처럼 고개를 끄덕이며 웅성거렸다. 고통을 참으면서 단순 무식하게 책만 많이 봤다고 생각했던 고승덕 변호사도 알고 보니 기억과 학습의 원리에 따른 효과적인 반복 방법을 실천했던 고수 중의 고수였던 것이다. 최수석은 앞으로 이어지는 발표와 토론에서 또 어떤 보물들을 발견하게 될지 더욱 큰 기대를 하게 되었다.

CHAPTER 13

합격 목표 달성을 위한
종합적인 수험 가이드가 필요할 때

"안녕하세요. 두 번째 발표를 하게 된 박정민입니다. 저는 고시 학습법 분야의 신고전이라고 할 수 있는 최규호 변호사의 《불합격을 피하는 법》을 선택했습니다. 이 책은 서울대 공과대학 항공우주공학과를 졸업하고 같은 대학원에서 공학석사와 공학박사 학위를 취득한 저자가 사법 시험을 준비하면서 겪었던 시행착오를 극복한 과정을 자세하게 담고 있습니다. 시험을 준비하기 전에 체크해야 할 사항, 공부 계획을 세우는 방법, 하루생활을 해나가는 방법, 교재를 선택하는 방법, 마음가짐과 공부 방법, 논술형 시험 대비법과 실전 시험 요령 등이 종합 선물 세트처럼 구성되어있습니다. 한마디로 고시나 공무원 시험에 안전하게 붙는 방법을 알려주는 '수험 가이드북'이라고 할 수 있습니다. 축구에 비유한다면 고승덕 변호사의《포기하지 않으면 불가능은 없다》가 공격 중심의 브라질 축구라면, 최규호 변호사의《불합격을 피하는 법》은 수비 중심의 이탈리아 축구라고 할 수 있습니다. 특히나 자기관리의 달인이라 부를 수 있을 정도로 철저한 모습을 보여주고 있어서 배울 점이 많습니다.

제가 읽으면서 인상 깊었던 부분들을 소개하려 합니다. 책의 앞부분에서 최 변호사는 공부법의 중요성을 강조하면서 이 책을 참고해서 자신에게 잘 맞으면 적용하고, 잘 맞지 않으면 그냥 무시하라고 말합니다. 수험생을 위한 30개 정도의 체크리스트는 항목별로 -5점부터 100점까지 점수로 구분되어있어 중요도에 따른 우선순위가 무엇인지를 한눈에 파악할 수 있게 도와줍니다. 마이너스 점수가 높을수록 자기관리가 안 되는 것이고, 마이너스 점수가 낮을수록 자기관리가 잘 되고 있는 것으로 생각하면 됩니다.

최 변호사는 공부가 제대로 되고 있는지 점검하기 위해 수천 명이 응시하는 전국 규모의 모의고사를 꼭 보라고 말합니다. 그리고 본인의 사례를 들면서 첫 번째 전국 모의고사를 통해 외우는 것을 미루지 말고 바로바로 외워가면서 공부해야겠다는 생각이 들었다고 합니다. 시험을 쳐보니 외우지 않고서는 문제를 풀 수가 없었던 겁니다. 또한 자기방식만 고집할 것이 아니라 다른 사람들이 어떻게 공부하는지 지켜보면서 조언을 받아들여야 한다고 말합니다. 시험 세계에서는 모방하고 학습하는 자세, 교만하지 않는 자세가 절대적으로 필요하다고 강조합니다.

공부하는 시간에 대해서는 고승덕 변호사처럼 수면 시간을 지키고, 밥 먹는 시간을 제외한 모든 시간과 에너지를 공부에 쏟아야 한다고 말합니다. 열심히 공부하는 것은 기본이고, 여기에 공부 요령까지 추가해야 공부를 많이 하면서도 떨어지는 불상사를 막을 수 있습니다. 한편 공부에도 적성이 있다고 말합니다. 운동을 잘하거나 노래를 잘 부르거나 친구를 잘 사귀는 사람이 있듯이, 공부하고 외우는 것을 즐기는 사람이 있다는 것입니다. 공부에 적성이 없다면 상대적으로 불리하기 때문에 시험에 합격하기가 더 어려울 겁니다.

최 변호사는 좀 더 효과적인 공부 방법을 찾기 위해 늘 연구했습니다. 제한된 시간에 어떻게 하면 시험에 나올 수 있는 것들을 더 볼 수 있는지, 확실하게 외울 수 있는 방법은 무엇인지, 시험을 볼 때까지 잊어버리지 않고 기억할 수 있는 방법은 무엇인지 등에 대해 수시로 생각했던 겁니다. 공부를 할 때는 여러 과목을 번갈아 보지 말고 어떤 한 권의 책을 다 볼 때까지 며칠이든 그 책만 보는 것이 좋다고 합니다. 공부의 연속성과 통합성을 고려해 한 책만 집중해서 보면 이해도와 암기도를 높일 수 있기 때문입니다. 문제집을 볼 때는 '이 문제가 시험에 나왔을 때 헷갈리지 않고 정확하게 답을 고를 수 있는지'가 중요한 판단 기준입니다. '그렇다'라고 하면 답을 확인하고 바로 넘어가지만, '아니다'라고 하면 문제에 체크를 해두고 나중에 다시 봐야 합니다. 학원에서 강의만 들어서는 전혀 효과가 없고, 강의를 듣고 난 후의 복습을 얼마나 하느냐가 더 중요합니다.

책을 읽다보면 아주 구체적인 공부 방법도 만날 수 있습니다. 《성문기본영어》를 보는 방법은 특히 많은 도움이 되더군요. 우선 기본영어와 학습서, 단어장을 준비합니다. 문법 설명을 보다가 자신이 아는 내용이면 넘어가고, 모르는 내용이나 외워야 할 내용은 단어장에 간단히 적습니다. 그리고 문법 연습 문제를 풀면서 모르는 단어나 숙어, 문장이 나오면 단어장에 추가합니다. 책을 보거나 문제집을 풀 때는 이해에 중점을 두고, 암기는 단어장에 있는 것들을 따로 시간을 내어 외웁니다. 한 챕터 분량의 진도를 나가고 단어장 외우고, 또 한 챕터 분량의 진도를 나가고 단어장 외우는 식으로 계속 진도를 나가면 됩니다. 일반적으로 자투리 시간에 단어장을 잠깐씩 외우는 것으로 알고 있었는데 전혀 새로운 방법이었습니다. 심지어 최 변호사는 하루에 몇 시간씩, 가끔은 하루 종일, 어떨 때는 며칠씩 할애해서 집중적으로 외웠습니다. 이런 식으로 한 달 동안 기본영어를 세 번 이상만 보면 영어는 마스터할 수 있습니다. 영어뿐만 아니라 형사정책이나 경제법, 불어, 헌법 등 암기할 것들이 많은 과목을 공부할 때에도 암기장을 만들어 사용했습니다. 암기장을 적을 때는 내용만 알 수 있게 최소한으로 줄여서 결론만 적고, 검정과 파랑, 빨강 등 색펜을 활용했습니다. 끝으로 최 변호사의 메시지로 발표를 마무리하려 합니다. '공부에 목숨을 걸고, 이 시험에서 떨어지면 죽겠다는 생각으로 공부해야 한다.' '공부는 도 닦는 것과 비슷하므로 유혹을 물리치고 끊임없이 노력하면서 모든 체력과 정력을 100퍼센트 쏟아야 한다.'"

발표가 끝나자 모두 박수를 쳤다. 첫 번째 발표보다 더 많은 내용을 다루어서 그런지 꽉 찬 느낌이었다. 발표가 끝난 후에는 토론 시간이 주어졌다. 왕코치는 '학습법 지도의 14요소'를 보면서 저자가 어떤 요소를 활용했는지 얘기를 나눠보자고 했다. 이번에는 멤버들이 처음보다 쉽게 입을 뗐다. 수험생을 위한 체크리스트를 보면서 학습관리(자기관리)를 잘하고 있다는 걸 알 수 있었고, 전국 모의고사를 꼭 봤다는 부분에서 학습관리(시험의 기술)가 우수했다는 걸 알 수 있었으며, 잠자고 밥 먹는 시간을 제외한 모든 시간을 공부에 쏟았다는 것에서 학습관리(시간관리) 능력이 뛰어났음을 알 수 있었고, 암기장을 사용해서 집중적으로 암기만을 위한 시간을 갖는 모습에서 암기력이 훌륭함을 알 수 있었다고 했다. 최수석은 도 닦듯이 공부하라고 강조한 부분에서 고승덕 변호사만큼이나 강한 인내심과 끈기를 느낄 수 있었다고 말했다. 왕코치는 연구회 멤버들의 의견에 공감하면서 저자가 활용한 학습법 중에서 기억과 학습의 원리를 기준으로 가장 효과적인 것이 무엇이냐는 질문을 던졌다. 멤버들은 영어 공부법, 단어장 활용법, 한 권에 집중하기, 문제집 보는 법, 학원 강의 활용법, 색펜 활용법 등 다양한 의견을 제시했다. 왕코치는 멤버들의 의견을 가만히 듣더니 회심의 미소를 지으면서 입을 열었다.

"이 책에서 가장 중요한 핵심포인트는 '학습 프로세스'입니다. 최변호사는 각 과목별로 기본서를 1~2회독했고, 기출 문제를 정리했으며, 기본서를 외웠고, 객관식 문제집을 봤으며, 기본서를 다시 외웠다고 했습니다. 그리고 이후에는 기본서와 객관식 문제집을 계속 반복해서 외웠다고 했고요. 예를 들어 어떤 한 과목을 6~10일 정도 보고, 두 번째 과목을 6~10일 정도 보고, 세 번째 과목을 6~8일 정도 보고, 네 번째 과목을 4일 정도 본 후에 4과목의 기출 문제를 과목당 4~5일 정도로 정리합니다. 이어서 각 과목 기본서를 과목당 4~10일 정도로 다시 한 번씩 외우고, 각 과목 문제집을 과목당 3~7일 정도로 봅니다. 다시 각 과목의 기본서를 과목당 4~10일 정도로 한 번씩 외우고, 각 과목 문제집과 기출 문제집을 정리합니다. 이런 과정을 반복하는 것이지요. 그리고 시험이 다가오면 계속 반복 암기를 하면서 공부한 부분 중에서 중요한 내용 중심으로 줄여나갑니다. 이렇게 공부하면 시험 전날에 모든 과목의 전 범위를 다 훑어볼 수 있게 됩니다. 결국 최 변호사도 완전 학습 프로세스와 비슷한 방식으로 압축과 줄이기를 통해 시험 합격의 영광을 누릴 수 있었다는 걸 확인할 수 있습니다."

최수석은 왕코치의 설명을 들으면서 완전 학습 프로세스의 위대함을 다시 한 번 확인하게 되었다. 학습법에 대해 조금씩 알아가게 될 때마다 결국 공부의 고수들은 비슷한 방법을 활용했다는 걸 깨닫게 된 것이다. 겉으로 보면 복잡하고 어려워 보이는 학습법이지만, 속으로 들어가면 사실 너무나 단순하고 쉬워 보였다. 지금까지 관심도 없고, 알려고 하지도 않았기 때문에 막연하게 상상만 했던 것은 아닐까 하고 생각하기도 했다. 이제는 공부할 때 깜깜한 새벽, 안개가 자욱하게 낀 길을 정처 없이 헤매는 느낌이 들지 않을 것 같았다. 그리고 밝은 오후에 저 멀리까지 환히 보이는 길을 가벼운 마음으로 걷는 생각을 하니 기분이 좋아지기 시작했다. 이렇게 즐거운 상상을 하는 동안 쉬는 시간이 지나갔고, 세 번째 발표가 시작되었다.

CHAPTER 14
과학적이고 믿을만한
공부 방법을 찾을 때

"안녕하세요. 세 번째로 발표를 하게 된 이유진입니다. 저는 독일에서 30년이 넘게 스테디셀러로 사랑을 받고 있는 세바스티안 라이트너 박사의 《공부의 비결》을 선택했습니다. 라이트너 박사는 현실교육을 비판하면서 휴머니즘을 바탕으로 하는 자발적 학습법을 대안으로 제시해서 큰 반향을 일으킨 분입니다.

이 책은 부제인 '누구나 알지만 아무도 모르는'이란 말처럼 '공부한다는 것은 이런 것이다'를 제대로 보여주는 책입니다. 성공은 타고난 자질이나 운명보다 학습 방법의 옳고 그름에 달려있다고 하면서 효과적인 공부 방법과 정신적 특성, 심리적 변화, 두뇌의 메커니즘 등을 체계적으로 자세히 설명하고 있습니다. 연구와 실험을 통해 밝혀낸 과학적인 공부의 원리가 많이 담겨있어서 오랜만에 시간이 가는 줄도 모르고 정신없이 읽은 책입니다. 이 책에서 말하는 '공부바보' 중의 한 명으로서 공감이 갔던 부분에 대해 소개하려 합니다.

라이트너 박사는 머리말에서 분노 때문에 이 책을 썼다고 밝힙니다. 오늘날 세상의 모든 교육기관에서는 대부분의 학습자들이 재능과 소질도 없고, 바보 같고 게으르다면서 구박과 모욕을 줍니다. 하지만 학습자들이 타고난 구제 불능인 것처럼 보이는 이유는 비효과적인 학습 방법 때문입니다. 라이트너 박사는 공부기술을 배워 학습 효과를 높이면 누구나 목표 달성에 성공할 수 있다는 희망을 제시하고 있습니다. 그리고 공부가 어려워서 고생하고 있거나 더 쉽게 뭔가를 배워보려는 생각을 가진 사람들, 책상 앞에 무작정 바보처럼 앉아있는 사람은 이 책을 꼭 읽어봐야 한다고 강조합니다.

본문은 한 남자가 공부하는 모습을 자세하게 묘사하는 것으로 시작됩니다. 그런데 그 모습에서 한심하고 비효율적으로 공부하는 우리 자신을 보고 있다는 느낌을 받았습니다. 지금까지 우리는 공부하라는 말만 들었지, 구체적으로 어떤 방법으로 해야 하는지에 대해 배운 적이 없습니다. 그래서 우리는 열심히 공부하고 있긴 하지만 아무것도 배우지 못하는 것입니다. 공부하는 과정에서 학습법을 터득하는 학습자는 극소수입니다. 소질과 재능이 있고 천재라는 칭찬을 듣는 학습자들의 공통점은 자신만의 학습 프로그램을 만들어냈다는 겁니다. 다수의 사람들도 희망을 버리지 않고 계속 공부를 하지만 수영을 못하는 사람이 물에서 허우적대고, 장님이 어둠 속을 정처 없이 헤매는 것처럼 공포와 무기력으로 괴로워합니다. 학습법은 비단 학교에서 공부하는 학생들의 문제만이 아닙니다. 지식과 정보의 양이 기하급수적으로 늘어나는 요즘 시대를 살아가려면 평생 학습, 평생 교육은 필수입니다. 학습법은 태어나서 죽을 때까지 다양한 이유로 지속적인 공부를 해야 하는 성인들에게 오히려 더욱 절실하게 다가옵니다. 소질이나 재능은 아주 적은 부분만 유전될 뿐, 천재와 보통사람의 뇌는 모두 똑같습니다. 학습 능력이 뛰어나고 엄청난 성과를 낸 사람들은 그저 지속적인 동기부여를 바탕으로 효과적인 학습 방법을 활용했을 뿐입니다.

라이트너 박사는 학습을 '자극과 반응'으로 정의합니다. 학습이란 아무 상관이 없었던 자극과 반응의 연결입니다. 학습은 지금까지 주위의 자극에 대해 전혀 대답을 하지 않거나 다르게 반응했던 것을 바꿔 새로운 행동방식을 익히는 일이고, 변화와 반응의 '조건화'라고 할 수 있습니다. 예를 들어 누군가 특정 영어단어의 뜻을 물으면 머릿속에서 서로 연결되지 않았던 자극 하나와 반응 하나가 결합됩니다. 이때 자극은 영어단어이고 반응은 뜻입니다. 우리가 제대로 학습한다면 언제나 어떤 특정한 자극에 대해 알맞은 반응을 하게 되며, 적절한 반응을 위해서는 '조건화'가 필수적입니다. 학습은 어떤 자극에 대해 적절한 반응을 보이는 능력입니다. 파블로프의 업적을 대단하게 여기는 것은 그가 실험과 이론을 통해 기본적인 학습의 원리를 밝혀냈기 때문입니다.

라이트너 박사는 더 나아가 학습과 관련해 '연습', '조건화', '기억', '회상'이라고 부르는 것들이 머릿속에서 일어나는 화학적인 과정임을 확인했습니다. 심리학에서 '흔적'이라고 불렸던 것이 사실은 뇌세포에서 일어나는 분자 수준의 변화였던 겁니다. 최신 뇌과학 연구에 의하면 어떤 내용이 장기기억에 저장될 때 뇌세포에는 화학적인 변화가 지속적으로 일어나며, 한번 기록된 것은 뇌세포가 살아있는 동안 사라지지 않는다고 합니다. 이런 사소해 보이는 사실들이 학습의 본질을 이해하는 데 중요합니다.

라이트너 박사는 이런 학습의 원리를 구체적으로 공부에 적용할 수 있는 방법도 함께 알려줍니다. 학습 카드를 만들어 카드 상자를 이용해 공부하면 암기에 대한 고민을 확실하게 없앨 수 있다는 겁니다. 우선 A4 용지를 세 번 접어서 여덟 장의 학습 카드를 만들고, 마분지와 스테이플러를 이용해 다섯 칸짜리 카드 상자를 만듭니다. 영어단어를 암기할 때 카드를 활용하는 방법은 다음과 같습니다. 첫째, 외워야 할 단어를 카드 앞면에 적고 뜻을 뒷면에 적는 식으로 30~40장의 단어 카드를 만듭니다. 둘째, 앞면의 단어를 보고 뒷면의 뜻을 떠올리는 방식으로 외웁니다. 암기한 카드는 두 번째 칸으로 넘기고 암기하지 못한 카드는 첫 번째 칸에 그대로 둡니다. 셋째, 두 번째 칸의 카드가 어느 정도 차면 꺼내서 확인을 합니다. 암기한 카드는 세 번째 칸으로 넘기고 암기하지 못한 카드는 첫 번째 칸에 둡니다. 넷째, 세 번째 칸의 카드가 어느 정도 차면 꺼내서 확인을 합니다. 암기한 카드는 네 번째 칸으로 넘기고 암기하지 못한 카드는 첫 번째 칸에 둡니다. 다섯째, 네 번째 칸의 카드가 어느 정도 차면 꺼내서 확인을 합니다. 암기한 카드는 다섯 번째 칸으로 넘기고 암기하지 못한 카드는 첫 번째 칸에 둡니다. 다섯 번째 칸에 카드가 가득 차면 꺼내서 마지막으로 확인을 하고, 암기한 카드는 카드 상자 밖으로 빼낸 후에 따로 보관하면 됩니다. 이때 암기하지 못한 카드는 다시 첫 번째 칸으로 이동합니다.

이 방식의 장점은 여러 가지입니다. 억지로 머리를 쥐어짤 정도로 고통스럽지 않고, 불필요한 반복을 줄일 수 있으며, 암기가 잘 안 되는 어려운 단어를 완벽하게 암기할 때까지 여러 번 반복할 수 있습니다. 공부할 내용을 작게 나누어서 학습에 대한 부담을 줄일 수 있고, 공부할 내용을 논리적으로 서로 연결시킬 수 있으며, 학습 속도와 반복 횟수를 학습자의 수준에 맞출 수 있습니다. 무엇보다 칸을 옮기면서 카드를 외우기 때문에 게임을 하듯이 재미를 느낄 수 있어서 공부가 즐겁다는 것이 최고의 장점입니다.

라이트너 박사의 카드 상자를 활용한 암기법 부분을 읽으면서 고등학생 시절 영어단어를 열심히 외웠던 기억이 떠올랐습니다. '○○○ 기본영어'라는 교재로 공부하면서 페이지마다 쏟아져 나오는 단어들을 연습장에 쓰고 또 쓰면서 암기했습니다. 그러다가 등하교 시간과 쉬는 시간, 식사 시간 등 자투리 시간을 효율적으로 활용하기 위해 작은 수첩을 하나 사서 단어장을 만들었습니다. 보통 수준의 단어들은 이런 방식으로 몇 번 보면 잘 외워졌습니다. 그런데 어려운 단어들은 두세 배의 반복을 했음에도 잘 외워지지 않았습니다. 그럴 때면 애꿎은 머리 탓을 할 때가 많았습니다. 만약 라이트너 박사의 카드 암기법을 그때 알았더라면 좀 더 쉽고 재미있게 공부했을 거라는 생각이 들었습니다. 그리고 학습법 워크숍에서 배웠던 고리식과 지갑식, 박숭아식 카드 학습법도 다시 생각나더군요. 결국 카드 암기법의 핵심은 '구분과 반복'이라는 것을 다시 한 번 깨달을 수 있었습니다.

이 책은 중간중간 들어있는 그림 때문에 더욱 재미있습니다. 그중에서도 첫 부분에 한 사람이 영어단어를 외우는 방식을 묘사한 그림에서는 웃음이 터져 나왔습니다. 어려운 단어를 외우면서 인상을 찌푸리고, 아주 진지하게 단어를 한 번 보고 하늘을 한 번 올려다보면서 암기하는 모습이 무척이나 웃겼습니다. 닭이 물을 먹는 모습이 떠올랐기 때문입니다. 지하철 안에서 영어단어가 빼곡히 적힌 연습장이나 수첩을 들고 열심히 외우는 사람을 볼 때가 있습니다. 그런데 하나같이 이 책에 나오는 사람처럼 고개를 아래로 한 번 숙였다 위로 한 번 들면서 암기를 합니다. 닭이 물을 마시고 하늘을 쳐다보는 이유는 혀의 기능이 없어서 먹자마자 바로 넘겨야 하기 때문입니다. 우리 머릿속에도 닭의 혀처럼 작동하지 않는 부위가 있는 건 아닐까 하는 엉뚱한 생각도 들었습니다.

라이트너 박사는 일반적인 상식을 깨고 학습에 대한 용기와 희망을 전하고 있습니다. 공부를 시작하려는 사람에게는 행동을 불러일으키는 '자극(시작신호)'이 필요합니다. 자명종 시계를 이용해서 날마다 정해진 시간에 공부를 하는 것이 효과적인 방법입니다. 학습에 적이 되는 '의지박약'을 극복하려면 공공도서관 같은 곳을 이용하고, 진심으로 공부를 하려고 하는 사람을 친구로 사귀는 것이 좋습니다. 그 친구를 통해 정신 자세와 끈기, 도전적인 태도를 배울 수 있습니다.

보통 교수는 세 종류로 나뉜다고 합니다. 쉬운 것을 어렵게 설명하는 사람, 어려운 것을 어렵게 설명하는 사람, 어려운 것을 쉽게 설명하는 사람입니다. 학습자의 입장에서는 '어려운 것을 쉽게 설명하는 사람'을 최고의 명교수로 꼽을 겁니다. 라이트너 박사는 학습법 분야에서 최고의 명교수라고 할 수 있습니다. 왜냐하면 어려운 학습 이론을 재미있는 실험과 공감하기 쉬운 사례를 통해 설명하고 있기 때문입니다. 특히 학습의 과정을 연애의 과정에 비유한 부분에서는 감탄사가 절로 나오더군요. 첫째, 너무 많이 시도하지 않습니다. 둘째, 궁금하니까 그저 활용해봅니다. 셋째, 눈치채지 못하게 조금씩 다가갑니다. 너무 재미있지 않습니까(웃음)? 라이트너 박사의 설명대로 따라하기만 하면 책의 마음을 얻는 일은 쉬울 것 같다는 생각이 들었습니다.

이 책의 부제 '누구나 알지만 아무도 모르는'이란 말 속에는 '아는 것과 모르는 것의 차이만큼이나, 아는 것과 제대로 아는 것의 차이가 있다'는 의미가 내포되어있다고 합니다. 공부하는 방법을 제대로 알고 싶은 사람들에게 이 책은 귀중한 길잡이가 되어줄 거라 믿습니다. 라이트너 박사의 명언으로 발표를 마무리하겠습니다. '모든 사람들이 학습법의 가치를 믿는다면 인류사의 가장 위대한 혁명이 시작될 것이다. 언어와 문자의 발명 이후 그 어떤 혁명들보다 강하고 지속적으로 세계의 모습을 한꺼번에 변화시킬 대단한 발명이 바로 학습법이다.' 고맙습니다."

이번에도 발표가 끝나자마자 연구회 멤버들은 너나 할 것 없이 큰 박수와 환호성을 보냈다. 최수석도 놀란 입을 다물지 못할 정도였다. 왕코치도 마치 학습법 특강을 듣는 것 같았다며 아주 훌륭하다고 칭찬했다. 이유진은 과한 칭찬에 몸 둘 바를 모르겠다면서 배경을 설명했다. 예전에 독서토론 커뮤니티에서 다뤘던 책이라 발표를 준비하는 데 큰 도움이 되었다는 것이다. 겸손의 말인지 진짜인지 그건 별로 중요하지 않았다. 어쨌든 앞에 발표했던 사람들과 비교할 수 없을 정도로 멋졌기 때문이었다. 다들 이유진 주변으로 모여서 부러운 눈으로 쳐다보고 있자 왕코치는 분위기를 전환할 겸 점심을 먹으러 가자고 했다. 이유진의 완벽에 가까운 발표 덕분에 토론하는 시간을 줄이고 예정보다 조금 일찍 밥을 먹을 수 있게 되었다. 식당으로 자리를 옮겨서도 이유진의 인기는 식을 줄 몰랐다. 발표한 내용에 관한 질문들도 쏟아졌다. 이유진은 밥 먹는 것도 잊은 채 질문에 하나씩 답변을 해주었다. 발표뿐만 아니라 답변까지 막힘없이 해내는 이유진을 보면서 최수석은 적잖은 부담을 느꼈다. 하지만 그것도 잠시, '너무 잘하려고 하지 말고, 비교하지도 말고, 준비한 대로 최선을 다하자'고 다짐했다. 복잡한 마음 때문인지 점심시간은 무척 빠르게 지나갔다. 자리에 앉아서 차를 한 잔 마시고 있는 동안에 다음 발표자가 준비를 마쳤다. 오후 발표가 시작되었다.

CHAPTER 15
학습의 원리를 통해
성공의 비결을 배우고 싶을 때

"안녕하세요. 네 번째 발표를 하게 된 정성수입니다. 앞서 이유진 님이 발표를 너무 잘하셔서 조금 부담이 되긴 하지만, 크게 의식하지 않고 제가 준비한 대로 해보겠습니다. 저는 성공학에 관심이 있어서 제임스 스키너의 《당신의 꿈을 실현해줄 성공의 9단계》를 선택했습니다. 스키너는 미국에서 태어나 일본으로 건너가 수많은 실패를 딛고 성공을 이뤄 세계를 무대로 활약하고 있는 분입니다. 그리고 '7해 비츠Habits 프로그램'으로 유명한 프랭클린 코비 재팬 사장을 역임한 유명 경영컨설턴트이자 성공코치이기도 합니다. 이 책은 목표 달성을 통해 성공으로 가는 과정을 9단계 실천 패러다임으로 알려주는 지침서이자 저자의 성공철학을 담은 비법서입니다. 결단을 통해 파워(힘)를 기르고, 학습을 통해 프로세스(접근 과정)를 구성해야 하며, 리더십을 통해 지렛대 효과(나에게는 없는 타인의 능력을 활용하는 것)를 사용해야 한다는 것이 핵심입니다. 학습의 원리를 배워 현재의 목표도 달성하고, 이를 바탕으로 미래의 성공도 꿈꾸는 사람들에게 도움이 되는 책입니다. 성공의 비결은 '차이를 만들어내는 차이'에 초점을 맞추는 겁니다. 9단계 실천 패러다임은 성공으로 가는 첫걸음을 내딛게 도와줍니다. 또한 각 단계들은 우리가 살고 있는 현실에 바탕으로 두고 있어 실천할수록 쉬워지고, 즐거움을 느낄 수 있다고 합니다. 그 끝에는 고통에서 벗어나 쾌락으로 향하는 길이 기다리고 있고요.

성공하는 사람과 그렇지 못한 사람의 차이는 '차이를 만들어내는 차이'에 있습니다. 9단계 실천 패러다임인 파워(힘), 프로세스(접근 과정), 레버리지(지렛대) 효과를 좀 더 자세히 알아보겠습니다. 파워(힘)는 어려운 상황과 여건에서도 지속적이고 적극적으로 행동하는 능력을 말하고, 결단과 학습, 건강과 감정을 컨트롤하는 능력이 포함됩니다. 프로세스(접근 과정)는 4단계 성공 사이클로 구성됩니다. 우선 구체적인 목표를 정한 후에 최대한 시간을 활용해야 하고, 대범하게 행동할 수 있도록 삶을 변화시켜야 하며, 지속과 중지, 시작해야 할 것들을 파악해서 접근방식을 바꾸는 것입니다. 지렛대 효과(나에게는 없는 타인의 능력을 활용하는 것)는 리더십을 의미합니다. 자신의 꿈을 달성하는 데 타인을 동참시키면 혼자서 해낼 수 없는 위업을 이룰 수 있습니다. 리더십의 핵심은 커뮤니케이션이므로, 상대방의 입장에서 생각하면서 상대가 원하는 소통방식을 활용해야 합니다.

성공의 1단계는 마음을 정하는 것입니다(결단). 결단은 결과를 초래하는 원인이자 행동력의 시초입니다. 그것은 모든 행동에 영향을 미치는 근본적인 힘입니다. 우리는 언제라도 내 삶을 변화시키기 위해 그 힘을 행사할 수 있습니다. 성공의 2단계는 성공한 사람들의 패턴을 배우는 것입니다(학습). 학습을 가속화하려면 모델링을 하고 싶은 대상을 하나 정해서 쉬운 것부터 시작하는 것이 좋습니다. 성공 모델의 생각과 신념, 행동 패턴, 초점, 신체 활용법, 말투 등 모든 것을 모델링해야 합니다. 성공의 3단계는 무한 건강을 손에 넣는 것입니다(건강). 건강하려는 노력을 30일 동안 하면 인생을 바꾸는 계기로 만들 수 있습니다. 꿈을 실현하는 데 도움이 되는 새로운 에너지를 얻게 되는 것이지요.

성공의 4단계는 자신의 감정을 컨트롤하는 것입니다(감정). 30일 동안 부정적인 말을 절대 하지 않고, 자신이 되고 싶은 사람이 되겠다는 주문을 만들어 매일 5분간 반복해서 읽으면서 무의식을 재프로그래밍해야 합니다. 성공의 5단계는 원하는 결과를 명확하게 하는 것입니다(목적). 명확한 목표를 지속적으로 유지하려면 하루, 1개월 동안 계획을 실현할 수 있는 기회를 찾아내야 합니다. 성공의 6단계는 시간을 관리하는 것입니다(계획). 1주 계획 프로세스를 활용하면 시간관리 능력을 향상시킬 수 있습니다. 매일 활기차게, 이상을 높게, 행복하게, 애정이 충만하여 감사하는 마음으로 살아가도록 노력해야 합니다.

성공의 7단계는 대담하게 행동하는 것입니다(행동). 하나의 목표를 선택한 후 목표와 관련해 과거에는 절대로 하지 못했던 일을 세 가지 실행합니다. 이런 과정에서 과거의 낡은 패턴에서 완전히 벗어날 수 있습니다. 성공의 8단계는 방식을 개선하는 것입니다(개선). 가족이나 동료를 포함해 세 명에게서 접근방식 개선에 관한 피드백을 받습니다. 쉬운 것부터 하나씩 바꾸는 것은 스스로에게 성장의 기회를 주는 것입니다. 성공의 9단계는 다른 사람을 자신의 꿈을 실현하기 위해 동참시키는 것입니다(리더십). 예기치 않은 선물을 예상하지 못한 시점에서 예기치 않은 방법으로 한다거나 감정이입(다른 사람의 감정을 자신의 언어로 바꿔보는 것)의 능력을 완전하게 익히는 것이 효과적입니다.

이 책에서 가장 인상 깊었던 내용은 '패턴'과 '모델링'에 대한 것이었습니다. 성공에는 패턴이 있습니다. 진정한 능력은 패턴을 인식하는 것에서 시작됩니다. 성공한 사람들의 공통점은 성공의 패턴을 발견하여 잘 활용하는 데 있습니다. 이것이 바로 우리의 인생을 업그레이드시키기 위한 '차이를 만들어내는 차이'입니다. 성공인은 이해하고, 깨어있으며, 주변을 깊이 있는 눈으로 바라보면서 늘 학습하는 사람입니다. 배우는 데 하루가 걸렸던 것을 학습법을 활용해 10분으로 단축시킬 수 있다면 23시간 50분을 얻을 수 있으므로 수명 연장의 효과도 있습니다. 이미 우리는 살아오면서 보고 듣고 경험했던 모든 것을 머릿속에 담아두고 있습니다. 그 엄청난 지식과 정보에 접근할 수만 있다면 누구나 무한한 잠재력을 발휘할 수 있습니다.

훌륭한 요리사가 최고의 요리를 완성하려면 수십 년이 걸리지만, 그 요리사의 레시피를 자신의 것으로 만드는 데는 몇 시간이면 충분합니다. 최고의 요리를 만들기 위해서 레시피를 배우듯이, 꿈을 이루기 위해서는 성공인의 성공 패턴을 배우는 '모델링'이 필요합니다. 모델링이란 자신이 꿈꾸는 결과를 이미 얻어낸 사람을 정해서 그 사람의 생각과 말, 행동 패턴을 배우고 모방하는 것입니다. 이 방법을 활용하면 수십 년의 노력을 단 몇 시간으로 단축시킬 수 있습니다. 무에서 유를 창조하려면 시간도 너무 오래 걸리고, 큰 희생을 치러야 하며, 성공한다는 보장도 없습니다. 게다가 모처럼의 노력이 물거품이 될 수도 있습니다. 패턴을 배우면 시행착오에 따른 시간과 노력을 줄이고, 결과를 내는 데 시간과 노력을 집중할 수 있습니다. 꿈을 이루고 싶다면 성공인의 패턴을 모델링을 통해 배워야 합니다. 그것이 바로 꿈을 실현하는 지름길입니다. 지금 우리는 합격자의 패턴을 모델링을 통해 배우고 있으니 성공은 떼놓은 당상이 아닐까요(웃음)?

한편 우리 뇌 속의 정보는 감정에 따라 분류되므로, 감정은 뇌의 파일 시스템이라고 할 수 있습니다. 춤과 음악, 포옹, 게임 등 다양한 방법으로 기쁨과 감동을 느끼게 하면 학습을 가속화시킬 수 있습니다. 그리고 학습한 내용을 48시간 안에 다른 사람에게 가르치면 80퍼센트 이상을 기억할 수 있습니다. 가르치는 방법만으로도 학습 효과를 네 배나 높일 수 있는 것이지요. 정보접근모드라 불리는 오감을 활용하면 학습 속도를 가속화시킬 수 있습니다. 공부를 할 때 시각Visual,

청각Auditory, 촉각Kinesthetic, 후각Olfactory, 미각Gustatory 중에서 시각, 청각, 촉각VAK을 적극적으로 활용하면 더 빨리 학습하고 더 길게 기억할 수 있습니다. 배운 것을 행동으로 옮겨보고, 정보와 개념 사이에서 관련성을 갖게 하는 것이 효과적입니다. 학습 효과를 높이려면 보고 들으면서 메모를 하고, 아이디어를 형상화시켜 묘사하고, 배운 것을 다른 사람에게 가르쳐야 합니다.

학습의 비결은 새로운 정보와 기존의 정보를 연결하는 것입니다. 비효율적인 강사는 '미지의 정보'와 '미지의 정보'를 연결시키려고 하는 반면에, 훌륭한 강사는 이미 알고 있는 사실을 새로운 사실과 관련지어서 가르칩니다. 나이가 들수록 공부하기가 힘들다고 하지만, 이런 학습의 원리를 알고 활용하면 오히려 학습 속도를 높일 수가 있습니다. 과제에 몰두하면서 집중하게 되면 보다 많은 연계성을 확보할 수 있으므로 지식을 흡수하는 속도가 빨라집니다. 집중력을 높이려면 목표를 분명하게 정해야 합니다. 목표를 정하려면 자신이 무엇을 원하는지 알아야 합니다. 성공은 그렇게 자신 안에서 시작되는 겁니다.

지식을 습득하는 것도 중요하지만, 지식을 뛰어넘는 실행력인 기술을 익혀야 합니다. 기술이란 머릿속으로 이해한 지식을 실행할 수 있는 능력을 말합니다. 워드타이핑이나 스키 타기, 주먹으로 벽돌을 깨는 것도 기술입니다. 이런 기술의 메커니즘 자체는 어렵지 않지만, 부단한 연습과 훈련이 필요합니다. 어떤 기술을 익히는 데 가장 기본적인 방법은 심상화와 이미지 트레이닝입니다. 자신이 원하는 결과를 상상 속에서 구체적으로 그려보기만 해도 현실에 영향을 미칩니다. 이미 스포츠 스타들은 이런 방법으로 아시안게임과 올림픽, 세계선수 권대회 등 큰 대회에서 좋은 성적을 거두고 있습니다. 공부와 성공도 운동과 마찬가지입니다. 결국 학습과 성공의 열쇠는 반복입니다.

동기부여가 앤서니 라빈스는 '복습은 기술의 어머니다'라고 말했습니다. 한 분야의 전문가가 되려면 기본적인 동작이 신체의 일부가 될 때까지 반복해서 익혀야 합니다. 앤서니 라빈스가 사회생활을 막 시작했을 때 한 상사가 책 한 권을 읽어보라고 권했습니다. 그 책 제목을 보고서 벌써 읽었다고 말하자, 상사는 몇 번이나 읽었느냐고 물었습니다. 그러면서 보통의 사람들은 책을 한 번밖에 읽지 않지만, 성공한 사람들은 여러 번 읽는다고 조언하는 것이었습니다. 앤서니는 그 차이를 깨닫고 그 책을 수십 번이나 반복해서 읽어서 큰 부자가 될 수 있었습니다. 그 책은 나폴레온 힐의 《성공의 13단계 ─ 생각대로 될 수 있다》였습니다. 멍하니 앉아서 모니터에서 나오는 정보를 머릿속에 집어넣기만 할 게 아니라, 지식을 활용하는 연습을 해야 합니다. 책만 보고 수영을 배울 수 없듯이, 수영장 안으로 직접 뛰어들어가 연습을 해야 합니다.

기술을 익히는 데는 참고자료의 폭도 중요합니다. 한 분야에 대해 20년의 경험을 갖고 있는 사람이 있는 반면, 1년의 경험을 20번이나 반복하는 사람도 있습니다. 참고자료가 풍부해지면 비교대상과 비유 표현이 많아져서 세상을 이해하는 데도 도움이 됩니다. 기술을 익히는 것은 자신의 인생을 더욱 풍요롭게 만들어가는 지름길입니다. 우리는 꿈을 이루어 성공하기 위해 공부를 합니다. 산으로 비유하자면 꿈은 정상이고, 공부는 정상까지 오르는 길에서 만나는 수많은 봉우리라고 할 수 있습니다. 정상에 오르려면 나침반과 지도가 필요하듯이, 꿈을 이루기 위해 공부를 잘하려면 성공적인 학습자의 패턴을 배워야 합니다. 우선 자신이 닮고 싶은 성공 학습자를 한 사람씩 정합니다. 그리고 그 사람의 성공기, 합격수기, 공부법 에세이를 읽거나 그 사람과 관련된 방송이나 자료를 봅니다. 이때 중요한 것은 그 사람이 꿈을 이루고 공부를 잘하는 데 결정적인 영향을 미쳤던 '보이지 않는 차이'와 '차이를 만들어내는 차이'를 발견해야 합니다. 그리고 자신에게 맞는 성공 패턴과 학습 패턴으로 만들어나가면 됩니다.

패턴의 위력은 엄청납니다. 일단 패턴을 확실히 알기만 하면 몇 번이든지 똑같은 결과를 만들어낼 수 있습니다. 그리고 패턴의 성공률은 100퍼센트고, 몇 번이든 반복할 수 있습니다. 또한 다른 사람에게도 그것을 가르칠 수 있다는 장점이 있습니다. 모델링은 꿈을 실현해주는 성공의 마스터키이며 레시피와 같습니다. 스키너는 자신이 지금까지 연구해왔던 학습 전략 중에서 '모델링'이라는 접근방식만큼 충격적이고 즉효성을 가진 방법은 없었다고 말합니다. 이 책을 한마디로 표현하면 '달성의 과학과 충실의 예술'이 될 겁니다. 이 책에 나온 대로 다양한 상황에서 결과를 향상시켜주는 방법을 배운다면, 그 방법이 꿈을 실현하는 데 기폭제가 될 겁니다. 성공을 갈망하는 사람이라면 사막에서 오아시스를 만난 느낌이 들 거라 믿습니다.

끝으로 스키너의 책 속 명언을 소개하면서 마무리하겠습니다. '아는 것과 모르는 것의 차이만큼이나, 아는 것과 제대로 아는 것은 차이가 있습니다.' '끊임없이 차이에 대해 질문을 던지는 자세가 성공에 이르는 좋은 습관입니다.' '학습은 성공의 기본이고, 실행은 학습의 기본입니다.' '진정한 학습은 모든 행동을 바꾸는 데 있습니다.' 고맙습니다."

발표가 끝나자 박수와 격려가 쏟아졌다. 최수석은 발표가 시작되기 전에 학습법 연구회에서 웬 뜬금없는 '성공학' 관련 책을 소개하는지 의심했었다. 하지만 발표를 듣고 나자 시험 합격이 곧 성공이고, 성공에도 프로세스가 있듯이 합격에도 과정과 절차가 중요하다는 것을 깨달았다. 특히 '패턴'과 '모델링'의 중요성을 다시 한 번 되새기는 소중한 시간이었다. 이번 책은 학습법 지도의 14요소를 적용할 만한 내용이 별로 없어서 느낀 점만 간단히 나누기로 했다. 대부분 성공의 원리 속에 학습의 원리가 숨어있다는 것을 발견했다고 입을 모았다. 최수석은 앞으로 성공학에 대해서도 관심을 더 가져야겠다고 생각했다. 잠시 휴식 시간을 가진 후에 다음 발표가 시작되었다.

CHAPTER 16

빠른 학습과
창의적인 사고기술이 필요할 때

"안녕하세요. 다섯 번째로 발표를 하게 된 황지연입니다. 저는 제목에 이끌려서 콜린 로즈의 《21세기를 위한 가속 학습》을 선택했습니다. 콜린 로즈는 영국 가속 학습 시스템Accelerated Learning Systems의 창설자이자 대표로서 모토로라와 제록스의 컨설턴트로 활동했으며, 영국 정부 산하 학습사회Learning Society의 조정위원이기도 합니다. 이 책은 빨리 학습하고 창의적으로 사고하는 핵심기술을 알려주기 때문에 개인적인 'how to'에 관한 책이라고 할 수 있습니다. 최신 뇌과학에 근거해 잠재 능력을 개발하는 데 도움이 되는 6단계 학습 계획을 제시하고 있습니다. 그리고 '가속'이라는 말은 두뇌에 맞게 설계되었기 때문에 빨리 배울 수 있다는 의미입니다. 가속 학습을 활용하면 신나고 재미있게 공부하면서도 성적 향상, 자신감 확대, 학습동기 유발 등의 효과를 거둘 수 있습니다. 뇌과학을 활용해 생각하는 힘을 키우고, 더욱 빠르고 효과적으로 배우고 싶은 사람들에게 도움이 되는 책입니다.

21세기 지식정보화시대의 지식은 거의 모든 분야에서 매 2~3년마다 두 배로 늘어나고 있습니다. 이 말은 같은 자리에 머물려면 2~3년마다 자신의 지식을 두 배씩 늘려야 한다는 걸 의미합니다. 적극적이고 지속적으로 자신의 지식과 기술을 새롭게 습득하지 않는 사람들은 같은 자리에도 머물지 못하고 뒤처지고 말 겁니다. 앞으로 우리는 세계의 변화 속도에 맞춰서 학습할 수 있는 능력을 갖춰야 하고, 복잡한 상황에서 발생하는 각종 문제들을 논리적으로 분석하고 창의적으로 해결할 수 있어야 합니다.

이 책은 교과목 공부를 잘하기 위한 방법만을 얘기하는 것이 아니라 21세기 지식정보화시대를 살아가는 우리 모두를 위한 학습기술에 관해 소개하고 있습니다. 21세기의 특징은 빠른 속도의 변화, 점점 더 복잡해지는 사회와 경제, 근본적인 성격이 바뀌고 있는 일, 엄청난 속도로 사라지는 직업, 예측하기 어려운 불확실성 등입니다. 이런 특징들 때문에 과거는 미래에 대한 지침의 역할을 하지 못하고 있습니다. 가속하는 변화를 다스리기 위해서는 가속 학습이 필요합니다. 새로운 정보를 빨리 흡수하고 이해하며, 그 정보를 지속적으로 보유하는 능력은 죽을 때까지 평생 요구됩니다. 따라서 우리가 3~4세 때 학습에 개방적이고 수용적이었던 것처럼 30~40대 학습자도 지식의 습득을 재미있는 것으로 느껴야 합니다.

　이 책에는 최신 뇌과학을 바탕으로 하는 학습에 유용한 정보들이 많습니다. 첫째, 좌뇌를 활용하는 '직선적인' 학습(단순 암기와 긴 계산, 오랜 시간 동안 혼자 반복)보다는 우뇌를 활용하는 '전체적인' 학습(개념 탐색, 패턴 인식, 예측과 유추)이 더 효과적입니다. 둘째, 작업기억Working, 암묵기억Implicit, 장기기억Remote, 일화기억Episodic, 의미기억Semantic 등 다섯 가지 기억들에 대해 알고 적절히 활용하는 것이 좋습니다. 셋째, 장기기억을 만들려면 듣기, 보기, 말하기, 행동하기, 협동하기 등 긍정적인 감정을 뒷받침하는 방식으로 처음부터 정보를 강하게 기록하는 것이 좋습니다. 넷째, 명상을 하면 '세타파'라는 뇌파가 발생하므로 집중력 향상과 기억력 증진, 인지 기능 향상과 면역 기능 증진 등의 효과가 있습니다.

　또한 '성공적인 학습을 위한 6단계 계획'에 대해서도 강조합니다. 즐겁고 성공적인 학습이 되려면 학습 과정에서 몇 가지 전제 조건이 필요합니다. 스트레스가 적은 환경 만들기, 과목의 관련성을 확인시키기, 학습이 감정적으로 긍정적이라는 것을 확인시키기, 좌뇌와 우뇌 사고뿐 아니라 모든 감각을 의도적으로 포함시키기, 개인적인 의미를 만들기 위해 관련된 많은 지능과 학습되는 것에 대해 생각하고 탐험하도록 자신의 뇌에 도전하기, 학습된 것을 견고히 하기 등이 바탕이 되어야 합니다. 학습 과정 못지않게 일관성 있는 단계별 계획도 중요합니다.

여섯 개의 기본 단계들은 두문자어인 M·A·S·T·E·R을 사용해서 쉽게 기억할 수 있습니다. 첫째, 자신의 마음을 동기화시킵니다 Motivating your mind. 영국 왕립학회의 학습 책임자인 크리스토퍼 볼 경은 '학습의 가장 중요한 세 요인은 동기, 동기, 그리고 동기다'라고 말했습니다. 둘째, 정보를 습득합니다Acquiring the information. 자신의 시각, 청각, 운동 감각의 강점을 파악함으로써 그 어느 때보다 정보의 습득을 쉽게 할 수 있는 다양한 책략을 활용할 수 있습니다. 셋째, 의미를 찾습니다Searching out the meaning. 정보를 기억에 영구히 저장하기 위해서는 주제를 면밀히 탐색해서 시사점과 중요성, 전체적인 의미를 찾아야 합니다. 넷째, 기억을 일으킵니다Triggering the memory. 기억에는 연상의 사용, 범주화, 이야기 만들기, 두문자어, 플래시 카드, 학습 지도, 음악, 그리고 검토하기가 효과적입니다. 다섯째, 자신이 아는 것을 보여줍니다Exhibiting what you know. 학습한 것을 실행하고 자신을 테스트할 수 있는 상황을 적극적으로 활용해야 합니다. 여섯째, 당신이 어떻게 학습했는가에 대해 생각해봅니다Reflecting on how you've learned. 학습과제가 어떻게 진행되고 있는지, 어떻게 그것이 더 나을 수 있었는지, 이것이 자신에게 가지는 의미는 무엇인지를 스스로 질문해봅니다. 대부분의 사람들은 자기 두뇌 능력의 극히 일부만 사용합니다. 이것은 능력이 없어서가 아니라 이미 가지고 있는 것을 어떻게 사용해야 하는지에 대해 배우지 않았기 때문입니다. 학습법을 통해 자기 마음의 주인이 되어야 합니다.

성공적인 학습을 위한 6단계 계획에서 '자신이 어떻게 배웠는지에 대해 생각하기'는 학습법의 핵심이라고 할 수 있습니다. 나폴레옹이 위대한 승자가 될 수 있었던 이유는 전투에서 이기고 난 후에 정복을 축하하기보다 전장을 거닐면서 공격과 역습을 평가했기 때문입니다. 나폴레옹의 이러한 행동은 미래의 전투를 위해 귀중한 통찰을 안겨준 지속적인 학습 과정이었습니다. 무엇을 배웠는지도 중요하지만, 어떻게 배웠는지를 검토하고 평가하는 것은 독립적이고 성공적인 학습자가 되기 위한 핵심비결입니다.

지속적인 자기관찰과 평가, 내성은 자기동기화된 학습자의 주요 특징들입니다. 자기분석습관을 갖게 되면 삶에 대한 통제력과 지속적으로 개선된 정보를 얻게 됩니다. 우리가 미래에 대해 중요한 내용을 배우는 데 실패를 하더라도, 그것은 아무것도 배우지 못한 한 번의 운 좋은 성공보다 훨씬 가치가 있습니다. 성공 학습자로서 자신에게 물어야 할 세 가지의 간단하지만 강력한 질문이 있습니다. 첫째, '무엇이 잘 되었나요?' 둘째, '더 잘 될 수 있었던 것은 무엇인가요?' 셋째, '그것을 다음에 어떻게 더 잘할 수 있나요?' 등입니다. 이 질문들을 계속 던지면 자기평가의 핵심을 익히게 됩니다. 이런 학습 과정은 누구나 할 수 있는 활동이라는 사실을 알아야 합니다.

우리 뇌의 구조를 설명하면서 사람과 포유류, 파충류의 뇌와 비슷한 부분이 있다는 걸 설명하는 부분이 재미있더군요. 인간이 진화하면서 뇌는 점차 복잡한 발달 단계를 거치게 되었습니다. 우리 뇌를 구성하고 있는 뇌간과 변연계, 신피질에 그 비밀이 숨겨져있습니다.

뇌간은 파충류의 뇌라 불리고, 변연계는 포유류의 뇌라 불리며, 신피질은 생각하는 뇌라 불립니다. 저를 따라해보세요. 한 손으로 주먹을 쥐고 다른 손으로 이 주먹의 위를 감쌉니다. 처음 손의 손목이 파충류의 뇌고, 주먹이 포유류의 뇌며, 그 위를 감싸고 있는 손이 생각하는 뇌를 나타냅니다. 파충류의 뇌는 원초적인 본능(호흡, 심장박동, 위험에 대한 반응)을 통제합니다. 포유류의 뇌는 시상하부와 편도체로 구성되어있고, 항상성을 유지하고 감정과 목표 추구 행동을 통제하는 기능을 담당합니다. 신피질은 고등 지능이라 할 수 있는 보기, 듣기, 만들기, 생각하기, 말하기 등을 관장합니다. 감정을 통제하는 변연계는 건강과 기억도 함께 통제하므로 감정을 동반한 기억이 오래가는 겁니다. 기쁨과 역할 놀이, 협동과 게임이 학습 효과를 높이는 이유는 이런 방법들이 좋은 감정을 바탕으로 하기 때문입니다.

뇌는 좋은 감정을 느낄 때 엔돌핀이라 불리는 쾌락성 화학물질을 분비합니다. 이것은 다시 아세틸콜린이라는 강력한 신경전달물질의 분비를 증가시켜서 뇌세포들 간의 연결을 돕습니다. 재미있고 즐겁게 공부하기 위해 다양한 교육방식을 활용하는 데는 과학적인 근거가 있습니다. 만약 고민과 스트레스, 두려움 같은 나쁜 감정 상태에서 공부를 한다면 머리에 아무것도 남지 않을 수 있습니다. 가속 학습을 하려면 학습이 시작되기 전에 의식적인 이완 훈련을 하면서 스트레스를 낮추고 에너지 수준을 높여야 합니다. 신피질은 우리를 가장 인간답게 만드는 부분입니다. 그곳에서는 의사 결정이 이루어지고, 세상이 조직되며, 경험이 기억에 저장되고, 커뮤니케이션과 예술 감상을 통해 즐거움을 느낄 수 있습니다.

신피질은 우리가 원하는 무엇이든 배우고 기억하는 데 필요한 능력을 모두 가지고 있습니다. 신피질은 말과 듣기, 시각과 촉각을 담당하는 부분들이 나뉘어있습니다. 따라서 강한 기억을 남기는 데에는 듣고, 말하고, 보고, 행하는 등 모든 감각을 사용해 정보를 저장하는 것이 효과적입니다. 우리 안에는 여러 가지 뇌들이 존재하고, 각각 다른 영역을 담당하고 있다는 점을 아는 것이 중요합니다.

한편 성공한 사람들은 세 가지 특징을 갖고 있습니다. 첫째는 '열정'입니다. 그들은 자신에게 정말 중요하거나 정말 원하는 무엇인가에 의해 동기화됩니다. 둘째는 '미래상'입니다. 그들은 분명한 목표를 볼 수 있고, 그것을 성취하기 위해 거치는 모든 과정을 상상할 수 있습니다. 셋째는 '행동'입니다. 그들은 꿈에 한 단계씩 가까이 다가가기 위해 계획에 따라 매일 무엇인가를 합니다.

즉, 성공은 '열정 + 미래상 + 행동'으로 정의할 수 있습니다. 성공하려면 열정을 확인하고 미래상을 '성공지도'로 만들어야 합니다. 우선, 종이 위에 자신이 원하는 것과 관련한 사진을 붙이거나 그림을 그립니다. 그것들을 성취하는 데 필요한 특성이나 기술을 적고 1~10까지 등급을 매깁니다. 가장 중요한 기술에는 원을 그리고 필요한 행동 단계, 응원해주는 사람들의 이름, 장애물과 '극복 방법', 이용 가능한 자원, 성취했을 때의 보상, 성공 성명 만들기 등을 포함시킵니다. 그 성명을 열흘 동안 아침저녁으로 거울 앞에서 열 번씩 읽으면 공부와 일상생활 모두에서 극적인 개선을 경험할 수 있을 겁니다.

학습법은 그것을 배우는 것에서 그치지 않고 자신만의 학습법으로 완성해야 의미가 있습니다. 학습법의 완성은 배운 것을 독립적으로 사용할 수 있느냐로 판단할 수 있습니다. 자신이 배운 것을 활용하면서 지속적으로 개발하고 개선해나가는 것이 진정한 학습기술입니다. 성공한 학습자로부터 배울 수 있는 장점은 모두 받아들여야 합니다. 그들이 학습내용을 어떻게 배우고 공부하는지 자세히 기록해야 합니다. 필요하다면 학습과제에 어떻게 접근하는지 설명을 요청할 수도 있습니다. 그들로부터 학습 전략을 배울 때마다 좀 더 능숙한 학습자가 되어 여러 가지 상황에 학습법을 적용할 수 있을 겁니다.

인생에서 가장 중요한 기술 중 하나는 다른 사람의 성공 비법을 분석하고 그 성공 전략을 자신의 상황에 맞게 적응시키는 겁니다. 인류는 앞서간 사람들의 실수와 성공에서 학습한 것을 기초로 삼아 진보를 거듭하고 있습니다. 인터넷과 정보의 초고속화가 중요한 이유는 세계의 경험과 지식을 우리의 손가락 끝에 두기 때문입니다. 인류의 진보 속도는 앞으로 더욱 빨라질 겁니다. 모든 분야에서 성공한 사람들은 뛰어난 학습기술과 사고기술을 가졌다는 공통점을 갖고 있습니다. 즉, 배우는 방식이 다르기 때문에 다른 사람들보다 빠르게 성장할 수 있고, 생각하는 방식이 다르기 때문에 닥친 어려움을 슬기롭게 해결하는 겁니다. 이런 점은 공부할 때도 그대로 적용되므로 무엇을 배우고 생각하는지보다 어떻게 학습하고 생각해야 하는지 아는 것이 우선입니다. 이 두 가지 '뛰어난 기술'을 가져야만 변화와 복잡성에 대처할 수 있고, 경제적으로 독립할 수 있을 겁니다. 나아가 개인적인 행복과 안정적인 인간관계, 성장을 위한 핵심기술도 갖게 됩니다. 학습할 수 있는 능력의 수준에 따라 얼마나 벌 수 있는지 결정된다는 사실을 명심해야 합니다.

끝으로 콜린 로즈의 책 속 명언으로 마무리를 하려 합니다. '학습자들은 무엇보다도 먼저 학습하는 법을 배우고 생각하는 법을 배워야 합니다.' '학습은 자존감을 형성하면서 재미있어야 합니다.' '지식은 여러 지능들을 사용하는 복합 감각, 복합 양식 접근에 의해 공유되어야 합니다.' 고맙습니다."

발표가 끝나자 모두 큰 박수를 보냈다. 최수석도 21세기 가속 학습에 대해 큰 관심이 있었다. 그런데 황지연의 발표를 들으면서 관심은 더욱 커졌다. 특히나 우리 뇌의 구조를 사람의 뇌, 포유류의 뇌, 파충류의 뇌 등 세 가지로 설명하는 부분에서는 그동안 풀리지 않았던 의문점들이 한번에 해결되는 느낌이었다. 얼마 전에 성격유형에 대한 강의를 들었는데, 사람마다 성격유형이 다른 것도 특정 뇌의 부위와 관련이 있을지도 모르겠다는 생각이 들었다. 느낀 점에 대해 얘기하면서 멤버들은 뇌과학이 공부하는 데 많은 도움이 될 것 같다고 입을 모았다. 왕코치도 최근에 뇌과학에 대한 본격적인 연구를 시작했다면서 조만간 책으로 나올 예정이라면서 기대해달라고 말했다. 잠깐 휴식 시간을 가진 후에 최수석은 마지막 발표를 준비했다.

CHAPTER 17

배움의 원리를 통해
실천력을 키우고 싶을 때

"안녕하세요. 여섯 번째 발표를 하게 된 최수석입니다. 어쩌다 보니 제가 마지막 순서를 맡게 되었네요. 부족하지만 잘 들어주시길 바랍니다. 저는 《칭찬은 고래도 춤추게 한다》라는 책으로 유명한 켄 블랜차드의 《춤추는 고래의 실천》이란 책을 선택했습니다. 영어판 원제는 *KNOW CAN DO*입니다. 켄 블랜차드는 세계적인 베스트셀러 작가이자 유명한 연설가입니다. 현재 매사추세츠 대학교 경영학과 교수로 있으면서 켄 블랜차드 컴퍼니의 회장을 맡고 있습니다. 이 책은 아는 것을 실천하는 방법에 관한 고민을 담고 있는 책으로서, 《칭찬은 고래도 춤추게 한다》의 '실천편'입니다. 특히 동기부여 전문가 폴 마이어, 전설적인 사업가 필립 머레이, 베스트셀러 작가 켄 블랜차드가 함께 참여해서 의미가 깊습니다. 책의 이야기 구조는 작가 헨리와 기업가 필립의 이야기를 통해 효과적인 학습법과 지식을 실천하는 방법을 체계적으로 배움으로써 개인과 조직이 근본적인 변화를 꾀할 수 있도록 구성되어있습니다. 또한 책과 강의를 통해 배운 내용을 실천하지 못하는 사람들에게 도움이 되는 책입니다.

저는 켄 블랜차드가 이 책을 쓰게 된 배경이 흥미로웠습니다. 켄 블랜차드는 책과 강의로 수많은 사람들을 만나왔습니다. 책을 읽고 강의를 들은 후에 그것이 많은 도움이 되었으며, 자신도 변화에 성공할 수 있을 거란 기대를 하는 사람들이 대부분이었습니다. 어느 날 그렇게 말했던 사람들이 정말로 변화에 성공했는지 궁금해서 조사를 해봤더니 충격적인 결과가 나왔습니다. 변화에 성공한 사람들이 채 10퍼센트도 되지 않았던 것이지요. 켄 블랜차드는 왜 사람들이 변하지 못하는지 고민하기 시작했고, 결국 실천의 문제라는 것을 깨닫게 되었습니다. 실천력을 높이면 진정한 변화에 성공할 수 있다는 생각을 한 것이지요.

켄 블랜차드는 실천의 중요성을 강조하면서 브루스 하일랜드의 '학습 역삼각형' 이론을 소개합니다. 우리가 뭔가를 배우고 나서 2주 후에 기억하는 것의 비율은 다음과 같습니다. 읽은 것의 10퍼센트, 들은 것의 20퍼센트, 본 것의 30퍼센트, 보고 들은 것의 50퍼센트, 말한 것의 70퍼센트, 말하고 행동한 것의 90퍼센트를 기억합니다. 따라서 효과적인 학습으로 기억률을 높이려면 책 읽기보다는 강의 보고 듣기, 청강보다는 그룹 토론, 토론보다는 시뮬레이션이나 게임이 효과적입니다. 켄 블랜차드는 새로운 지식을 활용하는 세 가지 방법도 제시합니다. 첫째, 강의를 들으면서 노트 필기를 합니다. 둘째, 필기한 것을 다시 읽어보고 중요한 내용을 단정한 글씨로 요약합니다. 셋째, 배운 것을 다른 사람에게 전수합니다. 이 세 가지 방법은 학습 효과를 높이는 대표적인 학습법이기도 합니다. 망각 곡선 이론에 따라 망각을 이기고 기억을 잘하려면 주기적인 반복과 에피소드 기억을 활용하는 것이 좋은데, 세 가지 방법이 가장 적합하기 때문입니다.

책을 읽고 동영상을 보거나 강연회에 참석하기도 하지만, 행동으로 옮겨서 실천하는 사람은 많지 않습니다. 사람들이 배운 내용을 실천하지 못하는 이유는 세 가지입니다. 첫째, 지식을 너무 많이 흡수해서 정보의 과부하가 생기기 때문입니다. 둘째, 부정적인 마인드로 인한 부정적 필터링이 행동을 가로막기 때문입니다. 셋째, 계속 행동을 추구해나가려는 의지가 부족하기 때문입니다. 이런 세 가지 이유를 극복하고, 아는 것을 실천하려면 '반복'이 중요합니다.

반복에도 여러 가지 방법이 있습니다. 단순히 반복하고, 반복하고, 또 반복하는 것보다는, 일정한 시간을 두고 주기적으로 반복하는 방법이 효과적입니다. 주기적 반복은 '행동 조정'이나 '내적 강화'로 불리기도 하며, '모든 기술의 어머니이자 변화의 영원한 어머니'라고 할수 있습니다. 우리 뇌는 새로운 정보를 배우는 것과 배운 지식을 잊어버리는 과정을 지속적으로 수행합니다. 습득한 지식을 반복해서 기억하고 활용하지 않으면 잊어버리는 기능이 작용해서 기억이 사라지게 됩니다. 따라서 일정한 간격을 두고 반복하여 집중하는 것이 기억력을 높이는 비결입니다.

아무것도 하지 않는 것보다는 세미나에 참석하는 것이 낫고, 각기 다른 주제의 세미나에 한 번씩 참석하는 것보다는 동일한 주제의 세미나에 여러 번 참석하는 것이 효과적입니다. 강의를 들을 때는 필기를 해야 하고, 책을 볼 때는 중요한 대목에 밑줄을 긋거나 여백에 메모를 하면서 읽는 것이 좋습니다. 책을 한 번 읽고 내팽개치는 것은 좋지 않은 방법입니다. 켄 블랜차드는 책을 읽을 때 평균 네 번을 읽으라고 합니다. 그런데 처음 읽을 때와 두 번째, 세 번째 읽을 때는 방법을 달리합니다. 처음 읽을 때는 전체 내용을 이해하기 위해 처음부터 끝까지 쭉 통독합니다. 두 번째 읽을 때는 주요 개념에 밑줄을 그으면서 읽습니다. 세 번째 읽을 때는 생각을 정리하면서 메모를 합니다. 네 번째 읽을 때는 학습 파트너나 동료들과 함께 토론을 합니다. 이런 식으로 배우고 깨달은 것을 잊지 않고 실천하기 위한 자신만의 전략을 활용하면 자연스럽게 주기적 반복의 효과도 거둘 수 있습니다.

많은 사람들이 쏟아지는 정보에 노출되기 때문에 정보의 바다에 빠져서 허우적대곤 합니다. 그런데 물고기는 물속에서 계속 헤엄치지만 익사하지 않습니다. 물고기가 사람보다 더 영리해서가 아니라, 물에서 사는 데 필요한 것만 취할 수 있게 도와주는 필터링 시스템을 갖고 있기 때문입니다. 우리도 물고기처럼 필요한 정보를 골라내서 다룰 수 있는 유용한 방법을 익혀야 익사를 막을 수 있습니다. 가장 대표적인 방법은 목표에 초점을 맞추고 무엇을 배울 것인지 결정하는 겁니다. 우리의 정신 구조는 스무 권의 책을 한 번씩 읽는 것보다, 일정한 간격을 두고 반복적으로 읽은 한 권의 책으로부터 더 큰 영향을 받습니다. 즉, 철저하게 숙달된 적은 양의 지식에 더 많은 영향을 받는 겁니다.

위대한 업적을 남긴 사람들의 공통점은 고집스러울 만큼 강한 집중력을 가졌다는 겁니다. 레이저의 불빛처럼 한 가지 목표를 향해 달려가면서 목표를 이루기 전까진 잠시도 한눈을 팔지 않습니다. 가능하다면 전문코치의 도움을 받아 어떻게 실천하고 있는지, 어떤 도움이 필요한지 얘기를 나누면 더욱 좋습니다. 배운 것을 모두 실천하게 되면 자신이 배운 것을 다른 사람에게도 가르치는 것이 바람직합니다.

켄 블랜차드는 진정한 변화에 성공하려면 세 단계를 거쳐야 한다고 말합니다. 첫째, 마인드의 변화입니다. 생각이 바뀌려면 지식과 정보를 효과적으로 습득해야 합니다. 둘째, 행동의 변화입니다. 아는 것을 실천하려면 지속적으로 행동에 옮길 수 있도록 도와주는 도구를 활용하면 좋습니다. 셋째, 사후관리입니다. 행동을 습관으로 정착시키려면 학습 도우미와 함께 일정 시간 동안 연습과 훈련을 반복해야 합니다. 우선 세 단계를 공부에 적용해서 목표 달성에 성공하고, 향후에 다른 분야에도 응용한다면 성공적인 인생을 살아갈 수 있을 겁니다.

제 나름대로 이 책의 핵심메시지를 짧게 정리하면 다음과 같습니다. '책 한 권, 동영상 한 편, 세미나 참석 한 번으로 바뀔 수 있는 사람은 거의 없습니다. 따라서 더욱 더 배움에 집중하면서 긍정적인 마음자세로 지식을 받아들이고, 실행으로 옮기기 위한 계획을 세워야 합니다. 알려주고, 보여주고, 시켜보고, 관찰하고, 나아진 부분을 칭찬하고, 부족한 부분을 바로잡아주는 과정을 지속적으로 반복하면 실천력을 높일 수 있습니다. 궁극적으로 필요한 것은 스스로에게 지시하고, 스스로 수행하고, 스스로의 발전을 칭찬하거나 문제를 바로잡는 것입니다.'

끝으로 켄 블랜차드의 책 속 명언으로 발표를 마무리하려 합니다. '참된 배움은 행동을 변화시키고, 학습한다는 것은 결국 아는 것을 실천하는 과정입니다.' '좀 더 적은 것을, 좀 더 자주 배우는 것이야말로 아는 것을 실천으로 옮기는 데 필요한 핵심적인 메시지입니다.' '연습이 완벽을 낳는 것이 아니라, 완벽한 연습만이 완벽을 낳습니다.' 고 맙습니다."

발표가 끝나자 멤버들이 박수를 쳤다. 최수석은 준비한 것에 비해서 제대로 발표를 하지 못한 것 같아서 마음이 무거웠다. 하지만 멤버들은 잘했다면서 격려해주었다. 왕코치도 반복의 중요성과 변화의 과정을 중심으로 학습법의 원리를 잘 파악했다면서 칭찬을 했다. 최수석도 왕코치가 바로 한국의 켄 블랜차드라고 하면서 치켜세웠다. 화기애애한 분위기 속에서 발표가 모두 끝났다. 왕코치는 잠깐 쉬고 나서 자유토론과 소감 나누기 시간을 갖자고 했다.

CHAPTER 18
합격의 날개를 펼치고 비상하다

자유토론 시간이 주어지자 멤버들은 각자 발표한 내용에 대해 궁금한 점을 물어보기도 하고, 다른 사람이 발표한 것에 대해서도 생각나는 것들을 쏟아냈다. 학습법 워크숍을 통해 기본적인 학습의 원리에 대해 배워서인지 대부분 구체적이고 세부적인 사항에 대한 의견을 제시했다. 질문에 대한 답변을 하기 어려운 부분에 대해서는 왕코치가 해결사 역할을 하면서 명쾌하게 설명을 해주었다. 멤버들은 그럴 때마다 고개를 연신 끄덕이면서 격하게 공감했다. 각자 참석한 소감을 돌아가면서 나눈 후에 연구회는 마무리되었다. 최수석은 돌아가는 길에 왕코치에게 전화를 했다.

"선생님 덕분에 연구회에 참여하게 되어서 얼마나 감사한지 모르겠습니다. 오늘은 정말 오랫동안 기억에 남을 시간이었습니다."

"도움이 되었다니 나도 기쁘네요. 다음에도 참여하길 바랍니다."

"그런데 선생님이 연구회에 저를 부르신 특별한 이유가 있을 것 같은데요. 그게 계속 궁금했는데, 진행하느라 바쁘신 것 같아서 여쭤보지 못했네요. 참느라 아주 혼났습니다."

"질문을 받았으니 답변을 해야겠지요?《레버리지 리딩》의 저자 혼다 나오유키가 이런 말을 했어요. '사람들이 책 읽을 시간이 없다고 하는 이유는 책을 읽지 않기 때문입니다.' 이게 무슨 말일까요? 책을 읽지 않으니 업무 효율이 떨어져서 평소보다 시간이 많이 걸리고, 그렇게 늦게까지 피곤하게 일하다보니 책 볼 시간이 부족한 것이지요. 반대로 책을 읽으면 다른 사람보다 짧은 시간에 일을 끝낼 수 있기 때문에 시간의 여유가 있어서 책을 볼 시간이 생기게 돼요. 책을 읽느냐 읽지 않느냐에 따라서 업무 효율성의 차이가 난다는 것이지요. 마찬가지로 수험생들이 공부를 하면서 학습 효율이 떨어진다고 하는 이유는 학습법에 대해서 공부하지 않기 때문이에요. 학습법을 모르니 학습 효율이 떨어져서 평소보다 더 시간이 많이 걸리는 것이고요. 반대로 학습법을 조금씩 알게 되면 좀 더 짧은 시간에 많은 양의 공부를 할 수 있기 때문에 여유 시간이 생겨서 다시 학습법을 공부할 수 있게 되는 것이지요. 즉, 성공 학습을 위한 선순환 과정을 만들기 위해 학습법을 꾸준히 배울 필요가 있다는 거예요. 수석 군을 연구회에 참여시킨 이유는 여러 가지가 복합적이에요. 학습에 대한 올바른 방향성을 설정하길 바라는 마음도 있었고, 학습법의 중요성에 대한 믿음과 확신을 강화시키면 좋겠다는 기대도 있었거든요. 또 슬럼프에 빠지는 것을 미리 예방하자는 생각도 있었고, 고독한 수험생활에서 벗어나 다른 사람들과 교류하면서 힐링의 시간을 가지면 좋겠다는 바람도 있었지요. 수석 군은 어땠나요?"

"멤버들과 함께 소감 나누기를 할 때는 덕담 수준으로 대충 느낀 점을 얘기한 것 같습니다. 선생님 말씀을 듣다보니 제가 느낀 것들이 정리가 되네요. 정도의 차이는 있지만 말씀하신 부분들이 모두 해당되는 것 같고요. 한 가지 덧붙이자면 선생님의 학습법에 대한 통찰력에 대해 존경심이 생겨서 팬이 되기로 마음먹었다는 것이지요."

"팬클럽 회원이 한 명 늘게 되어 기쁘네요. 학습법의 장점은 수험공부를 하면서 상대적인 경쟁력이 생긴다는 것이에요. 왜냐하면 대부분의 수험생들이 과목 공부만 할 뿐 학습법에 대해 관심을 거의 갖지 않기 때문이지요. 학습법을 하나 배운다는 것이 별게 아닌 것처럼 보일 수도 있지만, 다른 사람들이 모르니 그만큼 한발 앞서게 되는 겁니다."

"정말 맞는 말씀이에요. 학습코칭과 학습법 워크숍, 학습법 연구회까지 참여하면서 제 학습법이 눈부시게 성장하고 발전한다는 걸 눈으로 확인하게 됩니다. 그만큼 공부에 탄력도 생기고 적은 시간에 많은 내용을 공부할 수 있게 된 것 같아요. 공부에 대한 스트레스도 거의 느껴지지 않고, 어떤 날은 공부가 재미있다는 생각까지 들 정도입니다."

"이러다가 진짜 수석 합격을 하게 될지도 모르겠군요. 수험생에게 가장 중요한 것은 합격에 대한 확신이 아니라 자신의 공부가 올바른 방향으로 진행되고 있다는 믿음이에요. 즉, 이런 방법으로 최선을 다하기만 하면 좋은 결과가 있을 거라는 믿음이지요. 이런 믿음이 자신감으로 이어진다면 합격의 영광은 자연스럽게 결과로 나타날 거예요."

"네, 선생님이 자주 말씀하시는 것처럼 저도 학습법을 확실히 믿어보겠습니다."

"믿습니까?"

"네, 완전 믿습니다(웃음)."

"그래요. 그런 마음이라면 슬럼프 없이 수험생활을 이어나갈 수 있을 거예요. 좋은 성과가 있을 거라 믿어요."

"다음번 연구회는 한 달 후에 열리는 건가요?"

"정확한 일정과 장소는 조만간 개별 연락을 줄 거예요. 계획대로 공부하면서 한 달에 하루 정도만 시간을 내봐요. 나무를 잘 자르기 위해서는 톱날을 갈 시간이 반드시 필요하다는 말이 있지요? 공부를 잘하기 위해서도 학습법을 연구하는 시간을 반드시 가져야 한답니다."

"정말 멋진 말씀이네요. 명심, 또 명심하겠습니다."

"그럼 다음 연구회까지 열심히 공부하길 바랄게요."

"네, 안녕히 계세요."

집으로 돌아가는 최수석의 발걸음은 가볍기만 했다. 절로 콧노래가 흘러나오면서 어깨까지 들썩였다. 실로 오랜만에 느껴보는 가슴 벅찬 뿌듯함 때문이었다. 게다가 수험생활을 하는 동안 움츠려들기만 했던 어깨에서 날개가 돋는 느낌이었다. 최수석은 '합격'이라고 새겨진 큰 날개를 펼치고 하늘 높이 비상하고 있었다. 오늘 따라 붉게 물든 하늘이 한 폭의 그림처럼 느껴졌다.

믿는 사람만이 합격 목표 달성에 성공할 수 있다

이번 책은 '코칭'이라는 최근의 도서 트렌드를 반영해서 스토리텔링 방식으로 구성했다. 최수석과 왕코치 두 주인공들이 대화를 나누는 방식이라 지루하지 않고 재미있을 거라 기대한다. 또한 책을 읽는 사람이 각자 최수석이 되어 '올패스 공부법'을 통해 목표 달성에 성공한다면 더욱 큰 기쁨이 될 것이다.

어떤 시험이든 합격을 위해 가장 중요한 것은 '동기부여'와 '학습 기술'이다. 성인 수험생의 경우 각자 나름의 공부를 해야만 하는 이유가 대체로 분명하기 때문에 이미 '동기부여'는 되어있다고 할 수 있다. 다만 문제는 대부분 학습기술이 없어 시간 싸움만 하고 있다는 것이다.

이 책은 공부에서 꼼수를 부리지 않고 정수로 승부하는 방법을 안내하였다. 먼저 학습의 효율성을 높여주는 '공부 공식', '완전 학습', '망각 곡선 이론', '구분', '반복'이라는 다섯 가지 핵심키워드는 공부의 씨앗과도 같은 단어들로 매우 중요하기 때문에 본문을 통해 세밀하게 이해하는 것이 중요하다.

학습 효율을 높여주는 다섯 가지 키워드에 대해 세밀하게 이해했다면, 그 다음 단계에서는 자신이 어떤 학습자유형에 해당하는지 알아야 한다. 학습자유형에는 반복의 고통을 엄청난 인내심으로 이겨내는 '참는 자'와 미래의 긍정적인 모습을 현재화시켜서 반복의 고통을 이겨내는 '꿈꾸는 자', 기억과 학습의 원리에 따른 효과적인 방법으로 반복의 고통 없이 공부하는 '기술적인 자' 등이 있다. 세 가지 중에서 자신의 유형을 파악하고 그 유형에 맞는 사례를 적용하면 큰 도움이 될 것이다.

이 책에서 소개하고 있는 7회독 완전 학습 프로세스는 핵심키워드를 중심으로 내용을 압축했다가 펼치는 방식으로 '수험 속독법'이라고도 불린다. 1단계에서는 제목과 목차, 머리말과 맺음말을 보면서 개요를 파악하고, 2단계에서는 책 전체를 훑어보면서 줄거리와 구조를 파악하며, 3단계에서는 정독하면서 중요한 내용 중심으로 연필로 밑줄을 긋고, 4단계에서는 밑줄 그은 부분만 정독하면서 지우개로 내용을 줄이며, 5단계에서는 연필로 밑줄 그어진 부분만 정독하면서 색펜으로 표시하며 다시 내용을 줄이고, 6단계에서는 색펜으로 밑줄 그어진 부분만 정독하면서 형광펜으로 표시하며 내용을 줄이고, 7단계에서는 형광펜으로 표시된 키워드만 보면서 빠른 속도로 압축되었던 내용을 펼쳐내는 것이다. 이 방법은 고시와 공무원 수험생들이 2차 주관식 시험에서 전통적으로 활용했던 '목차 학습법'과 비슷하다고 보면 된다.

7번 읽기 공부법(단권화 전략)과 7회독 완전 학습 프로세스(목차 학습법)의 바탕이 되는 첫 번째 '기본기'는 '기억과 학습의 원리에 따른 독서법'이다. 그 기술의 핵심은 우리 뇌의 특성을 반영해 뇌가 새로운 대상이라고 착각하게끔 하면서 교과서, 참고서, 문제집, 노트, 출력물 등으로 책을 바꾸면서 다섯 번 반복을 하거나 묵독, 낭독, 필사, 토론, 글쓰기 등 다양한 독후활동으로 다섯 번 반복을 하는 방법이다. 두 번째 '기본기'는 책을 읽거나 수업을 들으면서 핵심내용을 파악하는 능력과 전체 내용을 유기적으로 연결하는 능력을 키우는 것이다. 이런 기본기가 갖춰져있어야 마인드맵으로 공부한 내용을 표현할 수 있다. 세 번째 기본기는 독서(읽기) 과정의 이해이다. 독서가 제대로 되려면 '인코딩' 과정에서 의미를 정확히 뇌에 입력하고 '디코딩' 과정에서 뇌에 입력된 정보를 정확하게 이해해야 하며, '씽킹' 과정에서 자신이 읽고 이해한 내용을 말이나 글로 제대로 표현해야 한다.

이 책에는 학습법 워크숍의 교육내용이 그대로 수록되어있기도 하다. 워크숍에서 다루는 합격 마스터플랜, 자신만의 학습 전략은 수험생들에게 '자기관리', '학습관리', '환경관리', '시간관리'의 비결과 시험의 기술 'D-30 시험 전략', '시험장 필살기' 등을 안내하고 있어 큰 도움이 될 것이다. 또한, 암기의 비결과 집중력 향상법, 노트 정리법 등 학습법 10년 연구의 정수를 모두 담았다. 무엇보다 가장 쉽고 간단하면서도 효과가 큰 '스스로 놀라는 실전 카드 학습법' 중 고리식·지갑식·박승아식·라이트너식을 모두 소개했다. 학습자 스스로 자신에게 맞는 실전 카드 학습법을 선택해 누적 복습을 하다보면 뛰어난 학습 효과에 스스로 놀라게 될 것이다. '학습법 연구회'에서 소개하고 있는 여섯 편의 학습법 책들의 내용도 꼼꼼히 읽어두면 큰 도움이 될 것이다.

합격 목표를 달성하기 위해 '자신의 목표는 무엇인지', '왜 그런 목표를 갖고 있는지', 목표를 달성하기 위해 '지금 무엇을 하고 있는지' 스스로 질문해봐야 한다. 그리고 그 목표를 달성하기 위해 구체적인 계획을 세워서 하나씩 실천을 해야만 한다. 누구든 위의 세 가지 질문에 명쾌한 답변을 할 수 있다면 합격의 영광을 누릴 수 있을 거라 믿는다.

《올패스 공부법》은 겉으로 드러나지 않는 본질적 문제를 해결하는 방법을 담고 있다. 기존에 강조했던 내용에 덧붙여 최근에 이슈가 되고 있는 사례들을 총망라했기 때문에 감히 '시험에 제대로 通(통)하는 학습법'으로써 모든 수험생들에게 올바른 길잡이가 되어 모두 원하는 목표를 달성하는 데 성공할 것이라 믿는다. 믿습니까?

학습법 Q&A

Q1 저는 행정 고시를 준비하고 있는 수험생입니다. 중고등학생 때
부터 공부법에 관심은 있었으나 실천이 잘 안 되어 대학 입시에
서 실패를 맛보았습니다. 행정 고시에는 꼭 합격하고 싶은 마음
에 우연히 《올패스 공부법》을 보게 되었고, 인터넷 강의도 들었
습니다. 그리고 실습 중심의 학습법 워크숍이 있다는 것도 알게
되어 부모님과 아는 선배, 친구에게 얘기를 했습니다. 그랬더니
다들 공부 방법을 배우는 워크숍에 참여하는 것이 쓸데없는 시
간 낭비라고 하면서 부정적인 의견이었습니다. 특히 고시 선배

는 공부를 잘하려면 주기적으로 반복해야 한다는 것은 누구나 아는 사실이니 따로 배울 필요가 없다고 하면서 워크숍은 공부에 대해서 무지한 사람들에게나 통하는 것이라고까지 말하더군요. 학습법을 제대로 배워서 공부에 적용시켜보려는 마음이 간절했는데, 가까운 분들에게서 부정적인 말을 들으니 제가 사이비종교에 가입한 사람처럼 느껴졌습니다. 사설이 길었네요. 질문의 요지는 학습법은 어떤 사람들을 위한 것이냐는 겁니다. 공부에 소질이 없고 학습법에 무지한 사람들을 위한 것인가요, 아니면 겉으로 보면 성적도 좋고 공부를 잘하는 것 같지만 속을 들여다보면 제대로 공부하지 않는 사람들을 위한 것인가요? 그리고 학습법 테스트 결과가 70점 이하로 나와서 충격을 받았는데 어떻게하면 좋을까요? 진심어린 답변을 부탁드립니다.

A1 학습법에 대한 본인의 기대와는 다른 지인들의 반응에 실망감이 크셨을 것 같네요. 문의하신 사항에 대한 답변을 드리겠습니다. 프로 축구 선수가 성공하기 위해서는 90분을 뛸 수 있는 체력과 기본기(드리블, 패스, 슈팅), 경기 운영 능력(문제 해결 능력) 등이 필요합니다. 수험생이 합격하기 위해서도 하루 평균 8시간 정도 공부할 수 있는 건강과 기본기(학습 능력), 시험스킬이 필요합니다. 《올패스 공부법》은 수험생에게 꼭 필요한 기본기와 시험스킬을 모두 담고 있으며, 특히 기본기에 중점을 두고 있습니다.

시험스킬과 세부사항에 관한 내용은 합격수기류의 책을 통해 배울 수 있습니다. 《올패스 공부법》을 실습하는 과정인 학습법 워크숍은 공부를 처음 시작하는 사람이든, 공부를 잘해본 경험이 없는 사람이든, 공부를 더 잘하고 싶은 사람이든 누구에게나 도움이 됩니다. 학습법에 관해 주변 분들이 보여준 부정적인 반응은 크게 놀랄 만한 것이 아니며, 대한민국에 살고 있는 보통의 사람들이 갖고 있는 생각이라고 보면 됩니다.

학습법에 대해 부정적인 생각을 갖는 데는 몇 가지 이유가 있습니다. 첫째, 사람은 누구나 변화를 싫어하기 때문입니다. 지금까지 공부는 '열심히, 잘'만 하면 된다고 생각해왔기 때문에 '학습법'에 대해 변화를 요구할 때 일단 거부를 하게 됩니다. 둘째, 아는 것과 실천하는 것의 차이가 얼마나 큰지를 간과하기 때문입니다. 보통 살을 빼서 다이어트에 성공하는 비결의 핵심은 '적게 먹고 많이 움직이면 된다'는 것입니다. 이걸 몰라서 다이어트에 실패하는 것이 아니라 결국 결단력과 실천력이 부족하기 때문이라고 생각합니다. 그리고 이런 단호함을 갖고 있는 사람은 주변에서 보기 힘들 정도로 그 수가 매우 적습니다. 그래서 다이어트에 성공한 사람을 긍정적으로 보는 경우는 '대단하다'고 말하고, 부정적으로 보는 경우는 '독한×'라고 하는 겁니다.

학습법을 폄하하는 사람들은 공부도 다이어트에 비유하곤

합니다. 원리는 알고 있으면서 실천을 하지 않는 것이니 결국 마음가짐이 잘못된 것 아니냐면서 말이지요. 하지만 다이어트의 핵심은 독하게 살을 빼는 것이 아니라 식습관과 운동습관, 생활습관을 바꾸어서 요요현상 없이 정상 체중을 유지하는 것입니다. 학습법의 핵심도 성적 향상이나 합격이 아니라 공부습관과 생활습관을 바꾸어서 성공적인 삶을 살아가는 것입니다. 장기적인 관점에서 변화에 성공하려면 체계적인 프로세스가 필요하고, 실천력을 높이기 위해 전문가의 도움도 필요한 것이지요. 학습법 워크숍의 진정한 가치는 혼자서는 실천하기 어려운 문제를 전문가의 도움을 통해 해결하는 데 있습니다.

셋째, 사회압력과 동료압력 때문입니다. 뭔가 변화를 시도했을 때 일반적으로 부딪치는 것이 사회압력과 동료압력입니다. 한마디로 '사촌이 땅을 사면 배가 아픈 것'과 비슷합니다. 자신에게는 아무런 영향이 가지 않더라도 다른 사람이 자신과는 다른 모습을 보이게 되면 왠지 모를 불편함이 느껴지는 게 사람의 마음입니다. 그래서 가족이나 친구가 새로운 시도를 하려고 했을 때 부정적인 반응을 보이는 경우가 많습니다. 하지만 대부분 마음속에 잘 되길 바라는 마음도 함께 갖고 있습니다. 다만 이런저런 심리적인 요인이 겹쳐서 표현을 그렇게 할 뿐이지요.

넷째, 공부에 대한 이미지가 나빠지기 때문입니다. 우리가 갖고 있는 공부에 대한 이미지는 '고귀함과 우아함'입니다. 따라서 '장인'처럼 열정을 다해 공부에 몰입하는 모습을 바람직하다고 생각합니다. 공부할 때 활용하는 학습도구도 책과 노트, 필기구 등의 아날로그 방식을 선호합니다. 학습법을 '기술과 요령'으로 인식하고 있는 사람들에게는 최첨단 디지털 기기를 이용해 정도를 벗어난 방법으로 공부하려 한다는 생각이 들 수도 있습니다. 공부를 잘하는 사람들이 시험 결과에 대해 물으면 '별로 공부를 많이 하지 않았다'고 말하는 이유도 비슷합니다. 공부를 많이 하고 좋은 성과를 내는 것은 당연한 일입니다. 공부를 적게 했는데도 성적이 좋아야 자신의 공부 이미지가 좋아지기 때문에 '이순신 공부(내 공부를 적에게 알리지 말라)'를 하는 것입니다. 물론 다른 친구들도 열심히 공부하는 것을 막으려는 본능이 작용하는 경우도 있습니다.

다섯째, 자신이 어떻게 공부했는지 잘 모르기 때문입니다. 시험에서 좋은 성과를 내서 합격 목표를 달성한 사람들 중에 상당수가 이런 경우입니다. 시험 합격의 비결을 물어보면 자세히 얘기해주는 사람이 드뭅니다. 자신의 피와 땀으로 이룬 노하우를 쉽게 알려주기 싫어서인 경우도 있지만, 잘 몰라서 설명하지 못하는 경우가 더 많습니다. 이런 사람들의 특징은 다음에 같은 시험을 보게 되었을 때 합격에 대한 자신감이 없기 때문에 공부를 하면서 불안해한다는 점입니다. 자신이 어떻게 공부해서 합격했는지 안다면 예전방식 그대로 공부하면 되기 때문에 불안할 이유가 전혀 없습니다.

여섯째, 공부의 프로가 아니기 때문입니다. 고시는 프로 시험의 세계입니다. 프로의 세계에서 성공하려면 아마추어의 생각을 버리고 프로 의식을 가져야 합니다. 동네에서 취미삼아 열심히 공을 차던 사람이 프로 무대에 데뷔를 할 수도 있고 성공할 수도 있습니다. 하지만 성공할 확률은 너무나 낮습니다(브라질 축구, 호나우두). 어릴 때부터 유소년 클럽에서 과학적인 방법으로 체계적인 훈련을 받은 사람은 단계를 밟아가면서 프로 무대에서도 성공할 확률이 높습니다(유럽 축구, 베컴). 고시도 마찬가지입니다. 하루 16시간 이상 무식하게 공부해서 성공하는 경우도 있고, 하루 8시간 정도 영리하게 공부해서 성공하는 경우도 있습니다. 선택은 자신의 몫입니다. 하루 16시간 이상 공부할 수 있는 체력과 열정이 있다면 공부법이 필요 없다고 할 수도 있습니다. 하지만 그렇게 공부할 수 있는 사람은 매우 드뭅니다. 모든 수험생이 그런 사람이 될 필요는 없으며, 그렇게 되어서도 안 됩니다. 현재 축구 꿈나무들은 동네에서 뛰고 있나요, 학교나 유소년 클럽에서 뛰고 있나요? 어떤 친구가 성공할 가능성이 높은지는 상식적으로 생각해보시기 바랍니다. 공부를 하면서 학습법에 관심을 갖는 것은 쉬운 길을 가려는 것도, 겉멋만 드는 것도 아닌 너무나 당연한 일입니다. 하지만 아직도 많은 사람들이 잘 닦인 고속도로를 놔두고 울퉁불퉁한 비포장 도로에서 헤매고 있어서 안타까울 뿐입니다. 성공하기 위해서는 동료압력과 사회압력을 이겨내는 것이 필수이듯, 합격하기 위해서는 학습법에 부정적인 생각을 갖고 있는 사람들을 멀리하는 것이 바람직합니다. 그렇다고 사람까지 멀리하라는 것은 아닙니다. 그 사람들의 생각은 인정하되 나의 합격을 위해서는 자신의 신념을 믿고 나아가면 됩니다.

올패스 공부법은 어느 한 사람의 성공 노하우가 아닙니다. 최소 100명 이상의 학습 전문가와 성공 학습자의 학습법을 분석하고 연구해서 체계적으로 정리한 것입니다. 어찌보면 '수험생용 공부법 매뉴얼'이라고 할 수 있습니다. 태권도를 시작하는 사람을 예로 들면 교본 없이 혼자서 하는 경우, 교본을 보면서 하는 경우, 교본을 숙지한 사범에게 코치를 받으면서 하는 경우는 각각 숙련도에서 엄청난 차이가 있습니다. 올패스 공부법을 모르는 사람,《올패스 공부법》책만 읽은 사람, 학습법 워크숍에서 교육을 받은 사람의 차이를 이해하실 거라 믿습니다. 학습법 테스트 결과는 참고사항일 뿐입니다. 지금부터 목표와 계획을 잘 세워서 올바른 학습법에 맞춰서 공부하면 더 이상의 시행착오는 없을 거라 믿습니다. 좋은 성과 있기를 바랍니다. 감사합니다.

Q2 저는 직장을 그만두고 공무원 시험을 준비하고 있는 30대 초반

의 수험생입니다. 올 봄에 치른 시험에서 근소한 차이로 떨어졌고, 가을에 치른 특채 시험에서는 시간 안배에 실패해서 두 문제를 찍고 말았습니다. 답답한 마음에 《올패스 공부법》을 보게 되었는데, 내년 시험을 앞두고 궁금한 것이 생겨서 여쭤봅니다. 내년 시험을 준비하면서 올해 보던 책으로 다시 공부하는 게 좋을까요, 아니면 새 책을 사서 공부하면 좋을까요? 그동안 공부를 열심히 해서 자신감은 있지만 어떻게 하는 게 좋을지 혼란스럽습니다. 선생님의 답변이 큰 도움이 될 것 같습니다.

A2 직장까지 그만두고 수험 공부에 올인했는데, 좋은 결과가 빨리 나오지 않아서 답답하실 것 같네요. 문의하신 내용에 관한 답변을 드립니다. 1년 동안의 수험생활로 이미 어느 정도의 공부가 되어있고 최종 정리나 시험기술의 부족 때문에 시험에서 떨어졌다면 기존의 책을 그대로 보더라도 괜찮을 거라 생각합니다. 다만 반복할 때 찾아오는 지루함이나 고통을 우려한다면 새 책으로 공부해도 좋습니다. 명심해야 할 점은 모르는 것을 줄여나가면서 시험에서 실수를 없애는 것입니다. 이것만 알고 공부에 집중하면 좋은 결과가 있을 거라 기대합니다. 감사합니다.

Q3 저는 2년째 공무원 시험을 준비하고 있는 수험생입니다. 어릴 때는 공부에 흥미가 없었는데, 뒤늦게 공부에 재미를 붙여서 열심

히 하고 있습니다. 얼마 전에《올패스 공부법》을 사서 봤는데, 궁금한 것이 있어서 질문을 드리려 합니다. 완전 학습 프로세스에서 기출 문제를 분석하라고 하셨는데, 구체적인 방법이 궁금합니다. 다른 합격수기 책에 소개된 방법을 따라해보면 기출 문제 표시를 하는 데 엄청난 시간이 들더군요. 또 책 한 권을 처음부터 끝까지 볼 때 범위를 나눠서 봐도 될까요? 그리고 기출 문제 표시를 할 때 어떤 색깔로 어떻게 줄을 긋는 것이 좋을까요? 궁금증을 해결해주시기 바랍니다.

A3 공부하는 것이 재미있다고 하니 조만간 합격 소식이 있을 것 같네요. 문의하신 내용에 관한 답변을 드립니다. 기출 문제 분석을 포함한 기본서 1~2회독으로 사전 준비를 하는 이유는 기본적으로 중요한 내용을 '구분'하기 위함입니다. 따라서 각자 여건과 상황에 따라서 '구분의 정도'를 정하면 됩니다. 시간의 여유가 많고 확실하게 하고 싶다면 문제를 그대로 옮겨 적거나 오려서 여백에 붙여도 되고, 여유가 없다면 간단하게 메모를 해도 괜찮습니다. 범위를 나눠서 해도 되고, 색깔로 구분해도 좋습니다. 좋은 성과 있기를 바랍니다. 감사합니다.

Q4 저는 직장에서 승진 시험을 준비하고 있는 수험생입니다.《올패스 공부법》을 감명 깊게 읽고 공부에 적용하고 있는데, 궁금한

것이 있어서 여쭙습니다. 저희 회사의 승진 시험은 공무원 시험과 비슷합니다. 과목당 300~500페이지 정도 되는 책을 일곱 권 정도 꼼꼼하게 봐야 합니다. 저녁에 퇴근한 후에 집에서 9시부터 밤 12시까지 하루 평균 3시간 정도씩 공부하고 있습니다. 그런데 처음 보는 과목의 경우 50페이지 정도를 읽는 데 3시간이나 걸리더군요. 그래서 요일마다 과목을 바꾸었더니 연속성이 없는 공부가 되더군요. 과목이 많아서 한 과목만 붙들고 있을 수는 없고, 그래서 하루에 한 과목씩 공부할 수밖에 없는 상황입니다. 그리고 완전 학습 프로세스를 적용하면서 연필로 밑줄을 긋고 나중에 지우려고 했더니 지울 내용이 너무 많아서 새로운 진도를 나가지 못하겠더군요. 질문의 요지는 지금처럼 3시간 동안 하루에 한 과목씩 공부하는 게 좋을까요? 아니면 1시간에 한 과목씩, 하루에 세 과목 정도를 나누어서 조금씩이라도 공부하는 게 좋을까요? 선생님의 조언을 부탁드립니다.

A4 낮에 직장에서 일하랴 저녁에 밤늦게까지 공부하랴 무척이나 힘든 시간을 보내고 계시군요. 조금만 더 힘내시면 좋은 날이 올 거라 생각합니다. 문의하신 내용에 관한 답변을 드립니다. 하루에 한 과목을 길게 공부하는 것보다는, 하루에 세 과목을 조금씩 진도 나가는 것이 누적 복습을 적용하기도 쉽고 학습에 대한 부담도 줄일 수 있을 겁니다. 완전 학습 프로세스의 효과를 높이는 데도 도움이 될 것 같네요. 일

단 한 번만 처음부터 끝까지 누적 복습을 완수한다면 그 이후부터는 복습이 훨씬 수월할 것입니다. 좋은 성과 있기를 바랍니다. 감사합니다.

Q5 저는 대학 졸업 후에 공무원 시험을 준비하고 있는 수험생입니다.《올패스 공부법》을 읽고 나서 효과가 있을 것 같은 기대가 들었습니다. 그런데 이 책을 좀 더 빨리 만났더라면 하는 아쉬움도 들었습니다. 시험이 2개월 정도 남았는데, 아직도 정리가 잘 안된 상태이기 때문입니다. 그래서 몇 가지 질문을 드립니다. 첫째,《올패스 공부법》에 소개된 완전 학습 프로세스를 실천해보려고 하는데, 솔직히 시간이 없는 입장에서 시도해도 될까요? 둘째, 현재 상황을 고려해서 문제 중심으로 풀이와 오답노트를 만들어가며 공부해야 할까요? 셋째, 너무 늦은 감이 있다면 두 달 정도에 시도해볼 수 있는 좋은 방법이 있을까요? 참고로 2주 정도 단어장 암기법을 실행했는데 정말 도움이 많이 되었습니다. 한 페이지에 열 개 이상씩 적었더니 벌써 단어장만 네 개가 넘어가는군요. 효과가 제대로입니다. 깊이 감사드리며, 질문에 대한 답변 부탁드립니다.

A5 시험에 임박해서 뒤늦은 감이 있지만 끝까지 최선을 다해보고 싶은 거군요. 질문하신 내용에 관해 답변해드리겠습니다. 첫째, 시험에 임박해서 갑자기 학습법에 큰 변화를 주는 것

은 바람직하지 않다고 봅니다. 카드 학습법처럼 큰 부담 없이 적용할 수 있는 몇 가지 방법만 추가하시는 것이 좋을 듯합니다. 둘째, 시험 마무리를 어떻게 하느냐에 따라 다른데, 오답노트를 만들면서 정리를 하는 것은 좋은 방법입니다. 셋째, 시험은 준비 기간과 타이밍에 따라서 적용할 수 있는 학습법의 정도에 차이가 날 수 있습니다. 현재 활용하고 있는 자신만의 학습법을 따르면서 보완해야 할 사항들을 추가하는 것이 효과를 높이는 비결입니다. 좋은 성과 있기를 바랍니다. 감사합니다.

Q6 공무원 시험 준비를 한 지 1년 정도 되는 수험생입니다. 저는 복습을 할 때 골치가 많이 아픕니다. 암기해야 할 것이 분명한 내용들은 괜찮은데, 이해가 필요한 부분이나 일일이 암기하기가 어려운 이론적인 내용들을 어떻게 공부해야 하는지 막막하기만 합니다. 수업을 듣고 나서 이해를 잘하기 위한 효과적인 공부 방법이 궁금합니다. 자세한 답변을 부탁드립니다.

A6 공부할 때 이해가 잘 안 되어 힘드시군요. 질문에 대한 답변을 드립니다. '이해'의 기준은 말이나 글로 표현(설명)이 가능하냐는 겁니다. 부족하면 사전이나 참고서, 질문 등을 통해 해결하는 것이 일반적이죠. 완전 학습 프로세스에도 이런 일반적인 이해 방법들이 그대로 적용됩니다. 시험 문제

의 정답률로서 이해 정도를 판단하면서 레벨을 높여보시기 바랍니다. 좋은 성과 있기를 바랍니다. 감사합니다.

Q7 《올패스 공부법》을 읽고 완전 학습 프로세스의 준비 단계부터 실천하고자 하는 수험생입니다. 공부하는 과목이 하나일 때는 이해가 되는데, 과목이 다섯 개고, 한 권당 분량이 1,000페이지가 넘을 때는 어떻게 준비해야 할까요? 그리고 학원이나 인터넷 강의를 함께 들을 때는 완전 학습 프로세스가 어떻게 적용되는지요? 두 가지 질문에 답변을 부탁드립니다.

A7 《올패스 공부법》으로 인연이 되어 기쁩니다. 질문하신 사항에 대한 답변을 드립니다. 먼저 완전 학습 프로세스의 사전 준비 1단계는 전부 읽는 1회독을 말합니다. 과목이 여러 개일 경우 수험 기간과 공부해야 할 내용에 따라 적용 방법이 달라집니다. 1년 이상의 여유가 있다면 다섯 과목을 모두 읽고 각각 기출 문제를 분석한 후에 완전 학습에 들어가는 것이 좋지만, 시간의 여유가 없다면 그중에 몇 과목, 아니면 한 과목만이라도 적용하는 것이 좋습니다. 그리고 수업을 들을 경우 프로세스의 어느 부분에 수업이 들어갈지는 스스로 정하면 됩니다. 사전 준비 단계인 가볍게 읽기와 기출 문제 분석을 하고 나서 수업을 듣고, 복습할 때 완전 학습 프로세스대로 공부하는 것이 좀 더 효과적입니다. 좋은 성과 있기를

바랍니다. 감사합니다.

Q8 《올패스 공부법》을 보고 완전 학습 프로세스를 실천하고 있는 수험생입니다. 제가 복습에 대해 제대로 이해하고 있는지 궁금해서 질문을 드립니다. 첫 번째 복습할 때 완벽하게 이해와 암기를 하고, 말하고 쓸 줄 알아야 복습 완료 상태인가요? 아니면 망각 곡선 이론에 따라 두 번째 복습할 때 완벽한 이해와 암기가 되어야 복습의 완료인가요? 저는 열 번 정도는 반복해야 100퍼센트 이해가 되는데 괜찮은 건가요? 답변 부탁드립니다.

A8 좋은 질문이네요. 복습은 일반적으로 배운 것을 다시 한 번 보는 것을 의미하며 완전 학습에서는 완벽 이해가 기준이며, 말이나 글로 표현·설명이 가능하냐가 중요합니다. 개인의 망각률에 따라 단계별 반복의 횟수는 달라질 것이며, 다섯 번 이상의 누적 복습에 의미를 두고 단계별 횟수는 적절하게 조정하시기 바랍니다. 너무 세세한 부분에 신경을 쓰다 보면 정작 중요한 것을 놓칠 수가 있습니다. 큰 틀에서 하나씩 해나가시고, 작은 부분들에 대해서는 여유를 가지세요. 좋은 성과 있기를 바랍니다. 감사합니다.

Q9 저는 전공 자격증을 준비하는 대학생입니다. 자격증 따기가 어려운 편이라 몇 번을 떨어지고 다시 공부하고 있습니다.《올패스

공부법》을 보고 다시 한 번 제대로 공부하려고 노력 중입니다. 공부를 하다가 어느 날 문득 실제로 공부하는 시간이 너무 적다는 사실을 깨달았습니다. 보통 수험생의 실제 공부하는 시간은 얼마나 되나요? 그리고 잠을 줄여서 공부 시간을 더 확보하는 것이 좋을까요? 답변 부탁드립니다.

A9 좋은 질문이네요. 실제 공부 시간은 자기 주도 학습 시간을 의미합니다. 적게는 4시간에서 많게는 16시간까지 다양합니다. 전업 수험생인 경우 하루 평균 8시간 정도 공부하는 경우가 많습니다. 수면 시간은 개인에 따라 다르지만, 낮에 공부할 때 졸음이 오지 않도록 충분히 자는 것을 추천합니다. 수면 시간이 몇 시간이냐보다는 깨어있는 시간에 어떻게 공부에 집중하느냐가 더 중요합니다. 좋은 성과 있을 거라 믿습니다. 감사합니다.

Q10 저는 공무원 시험을 준비 중인 수험생입니다.《올패스 공부법》을 보고 누적복습원리를 적용해서 계획표를 작성해보았습니다. 그런데 제대로 계획을 세웠는지 궁금해서 피드백을 받고 싶습니다. 메일로 보내드린 첨부파일을 보시면 7일 단위의 누적이고, 영어단어나 한자가 아니라 교과서(이론서)를 대상으로 했습니다. 영어단어의 누적 복습은 이해가 되는데, 책은 단위 누적이 끝난 후에 어떻게 복습을 하는지 이해가 잘 안 됩니다.

단위 누적이 끝난 것들을 하루 날 잡아서 한꺼번에 모아서 보는 게 좋나요, 아니면 각각 따로 보는 게 좋나요? 그리고 누적 복습을 계속하면서 쌓이는 방대한 분량이 나중에 정말 기억이 될지도 의문입니다.

A10 보내주신 계획표 잘 봤습니다. 〈월별 마스터 플랜〉과 〈일간 계획표〉, 〈누적 복습 진도표〉까지 아주 훌륭한 합격 청사진을 갖고 있네요. 그대로 잘 실천만 하면 좋은 성과 있을 거라 믿습니다. 누적 복습은 단위 누적이 끝난 것들을 망각 주기에 따라 지속적으로 반복하는 원리이므로 새롭게 진도를 나가는 것과 함께 보는 것이 원칙입니다. 여섯 번 이상 보는 부분은 기억하고 있는지 확인만 하면 되기 때문에 1천 페이지까지 분량이 늘어나도 누적 복습만 충실히 수행했다면 전체 내용이 모두 기억나는 신기한 체험을 하실 수 있답니다. 모쪼록 좋은 소식 있기를 기대합니다. 고맙습니다.

Q11 저는 임용 고시를 준비하고 있는 대학생입니다. 우연히 도서관에서 《올패스 공부법》을 보게 되었는데, 사막에서 오아시스를 만난 기분이 들더군요. 이 공부법을 내 것으로 만들어서 임용 고시의 콧대를 누르고 저와의 싸움에서도 이기고 싶습니다. 책을 보다가 몇 가지 궁금한 점이 생겨서 질문 드립니다. 첫째, 독학

하는 사람은 강의노트를 만들지 않아도 되나요? 만들어야 한다면 어떤 방식으로 하는 것이 좋을까요? 둘째, 강의교재와 전공서적 중 어떤 것을 가지고 공부하는 것이 더 효율적일까요? 셋째, 노트 필기를 할 때는 1회독 후 바로 작성하고 다음 2회독을 할 때는 마인드맵을 작성하는 방식인가요? 답변 부탁드립니다.

A11 《올패스 공부법》으로 인언이 되어 기쁩니다. 궁금하신 내용에 대한 답변을 드립니다. 먼저 강의노트는 학습내용을 체계적으로 요약하고 정리하는 데 효과적이므로 독학하는 사람도 작성하는 것이 좋습니다. 《진짜 공신들의 노트 정리법》에 소개된 노트 필기의 달인들의 방식을 벤치마킹하면 도움이 될 겁니다. 강의교재와 전공서적은 장단점이 있으므로 어떤 것을 선택하든 좋습니다. 다만 완전 학습 프로세스로 효과를 높여 집중하는 것이 좋겠지요. 마인드맵은 학습내용이 충분히 정리되고 난 후에 하는 것이 좋으며, 몇 번을 보고, 어느 정도 노트 필기를 한 후에 할지는 선택의 문제입니다. 좋은 성과 있기를 바랍니다. 고맙습니다.

Q12 저는 9급 공무원 시험을 준비 중인 수험생입니다. 최근에 슬럼프가 찾아왔는지 공부가 잘 안 됩니다. 불안한 마음에 머리를 좀 식히려고 서점에 갔다가 《올패스 공부법》을 만나게 되었습

니다. 정말 이렇게만 하면 합격할 수 있겠다는 희망이 생겼습니다. 그런데 갑자기 암기하는 데 대한 불안감이 커지면서 공부에 집중이 잘 안 되더군요. 카드 학습법이 행정학이나 행정법, 국사에 모두 적용이 가능한가요? 답변 부탁드립니다.

A12 《올패스 공부법》을 읽고 희망이 생기셨다니 저도 기쁘네요. 문의하신 부분에 대해 답변을 드리니 참고하시기 바랍니다. 카드 암기법은 모든 과목에 적용이 가능하나 카드에 적을 수 있을 정도로 내용을 압축하는 것이 중요합니다. 따라서 처음부터 모든 내용을 다 카드에 적기보다는 완전 학습 프로세스로 기본서를 몇 번이라도 보면서 암기가 잘 안 되는 어려운 내용이나 핵심키워드 중심으로 암기 카드를 만드는 것이 효과적입니다. 좋은 성과 있기를 바랍니다. 고맙습니다.

Q13 공무원 시험을 준비하고 있는 수험생입니다. 《올패스 공부법》을 읽고 질문을 드립니다. 영어단어는 5~7회 정도 외우면서 진도를 나가면 외운 것과 못 외운 것을 구분하면서 공부할 수 있습니다. 그런데 공무원 기본서는 책을 다 외울 수도 없고 어떤 식으로 해야 할지 난감합니다. 시간이 지나면 잊어버릴까봐 자꾸 보느라 진도가 너무 느리네요. 현실적이고 적용이 가능한 방법을 알려주시기 바랍니다.

A13 수험서에 적용하는 완전 학습 프로세스의 효과를 높이려면 단계별 기본 전략에 충실하면서 부족한 부분은 카드 학습법으로 보완해야 합니다. 기본 전략을 충실히 따르고 있다면 망각에 대한 고민은 잠시 접어두고 일단 진도대로 나가는 것이 중요합니다. 시험 직전에 완벽한 암기 상태를 만드는 것이 목표이므로 부족한 부분은 누적 복습으로 보완하면 된다는 생각의 전환이 필요할 것 같네요. 좋은 성과 있기를 바랍니다. 감사합니다.

Q14 경찰 공무원 시험을 준비 중인 수험생입니다. 최근에 공부 시간의 부족과 경제적인 어려움, 건강상의 문제 등으로 고민하던 차에 《올패스 공부법》을 만나고 희망을 되찾았습니다. 부모님이 자영업을 하셔서 제가 일을 도우면서 공부를 해야 할 상황이라 힘이 들지만, 6개월 정도의 시간 동안 초집중을 해서 한번에 합격하고 싶은 욕심이 있습니다. 다음 시험까지는 6개월 정도 남았고, 실질적으로 제가 공부에 집중할 수 있는 시간은 3개월 정도입니다. 3개월 만에 다섯 과목을 5회독할 수 있을까요? 답변 부탁드립니다.

A14 공부에만 집중할 수 없는 여건에서 공부하느라 많이 힘드실 줄로 압니다. 하지만 비슷한 환경을 딛고 합격의 영광을 얻은 수험생들도 많습니다. 공부를 하면서 경찰 공

무원 시험에 합격한 선배들이 쓴 합격수기를 주기적으로 읽는 것이 동기부여에 도움이 될 겁니다. 실질적으로 공부할 수 있는 시간이 3개월 정도고, 5과목을 5회독하는 계획을 세우셨네요. 산술적으로는 불가능해 보이지만 효과적인 학습법을 통해 충분히 극복할 수 있을 거라 기대합니다. 우선《올패스 공부법》에서 강조하는 대로 기본서를 보시고, 자투리 시간을 최대한 활용하시기 바랍니다. 그리고 가능하다면 학습법 워크숍에 참여하는 것이 더욱 좋겠지요. 올해 꼭 합격의 영광을 누리길 기원합니다. 감사합니다.

Q15 공무원 시험을 준비 중인 수험생입니다.《올패스 공부법》을 읽고 궁금한 점이 생겨서 질문을 드립니다. 완전 학습 프로세스에서 정독이란 다른 사람에게 말이나 글로 설명을 할 수 있을 정도로 정확하게 읽는 것이라고 했습니다. 그런데 문제는 한 챕터에서 핵심어가 열 개 이상일 경우 이것을 연속적으로 회상해서 말을 이어나갈 수 있어야 하는데, 첫 번째 핵심어는 기억이 나지만 두 개 이상 넘어갈 때는 막히더군요. 목차를 보고 설명을 할 때도 다섯 개가 넘어가면 회상이 잘 안 됩니다. 그리고 책을 볼 때 시간당 10페이지 이상 읽어야 하는데, 목차를 보면서 내용을 떠올려보는 과정을 계속 반복하자니 시간이 너무 많이 걸리는 것 같습니다. 줄여나가는 공부를 하기 어려운데 어떻게 해

야 할까요? 답변을 부탁드립니다.

A15 《올패스 공부법》에 관심을 가져주셔서 감사합니다. 문의 사항에 대해 답변을 드립니다. 목차를 중심으로 핵심내용을 요약하면서 정독을 실천하고 있군요. 읽고 나서 곧바로 회상을 하면서 진도를 나가는 방법도 있지만, 단원(챕터)별로 묶어서 회상을 하는 방법도 있습니다. 줄여나가는 공부가 잘되지 않는다면 카드 학습법을 활용해 암기하는 시간을 많이 가져보는 것은 어떨까요? 회상의 주기도 매일에서 며칠, 일주일 이상으로 늘려보는 것도 괜찮을 것 같습니다. 꾸준한 연습과 훈련만이 유일한 방법입니다. 좋은 성과 있기를 바랍니다. 감사합니다.

한 번에 합격하는 올패스 공부법 플러스

2017년 10월 16일 1판 1쇄 박음
2017년 11월 01일 1판 1쇄 펴냄

지은이 서상훈
펴낸이 김철종
책임편집 장웅진
마케팅 오영일
인쇄제작 정민문화사

펴낸곳 (주)한언
출판등록 1983년 9월 30일 제1 - 128호
주소 03146 서울시 종로구 삼일대로 453(경운동) KAFFE빌딩 2층
전화번호 02)701 - 6911 **팩스번호** 02)701 - 4449
전자우편 haneon@haneon.com **홈페이지** www.haneon.com

ISBN 978-89-5596-810-1 03320

이 도서의 국립중앙도서관 출판예정도서목록(CIP)은 서지정보유통지원시스템 홈페이지
(http://seoji.nl.go.kr)와 국가자료공동목록시스템(http://www.nl.go.kr/kolisnet)에서 이용하실 수 있습니다.
(CIP제어번호: CIP2017022399)